Projet OCDE/G20 sur l'érosion de la base d'imposition et le transfert de bénéfices

Lutter plus efficacement contre les pratiques fiscales dommageables, en prenant en compte la transparence et la substance, Action 5 - Rapport final 2015

OCDE
DES POLITIQUES MEILLEURES POUR UNE VIE MEILLEURE

Ce document et toute carte qu'il peut comprendre sont sans préjudice du statut de tout territoire, de la souveraineté s'exerçant sur ce dernier, du tracé des frontières et limites internationales, et du nom de tout territoire, ville ou région.

Merci de citer cet ouvrage comme suit :
OCDE (2016), *Lutter plus efficacement contre les pratiques fiscales dommageables, en prenant en compte la transparence et la substance, Action 5 - Rapport final 2015*, Projet OCDE/G20 sur l'érosion de la base d'imposition et le transfert de bénéfices, Éditions OCDE, Paris.
http://dx.doi.org/10.1787/9789264255203-fr

ISBN 978-92-64-25518-0 (imprimé)
ISBN 978-92-64-25520-3 (PDF)

Série : Projet OCDE/G20 sur l'érosion de la base d'imposition et le transfert de bénéfices
ISSN 2313-2620 (imprimé)
ISSN 2313-2639 (en ligne)

Les données statistiques concernant Israël sont fournies par et sous la responsabilité des autorités israéliennes compétentes. L'utilisation de ces données par l'OCDE est sans préjudice du statut des hauteurs du Golan, de Jérusalem-Est et des colonies de peuplement israéliennes en Cisjordanie aux termes du droit international.

Crédits photo : Couverture © ninog – Fotolia.com

Les corrigenda des publications de l'OCDE sont disponibles sur : *www.oecd.org/about/publishing/corrigenda.htm*.

Avant-propos

Les questions fiscales internationales sont aujourd'hui plus que jamais au cœur des préoccupations des pouvoirs publics. L'intégration des économies et des marchés nationaux a connu une accélération marquée ces dernières années, mettant à l'épreuve le cadre fiscal international conçu voilà plus d'un siècle. Les règles en place ont laissé apparaître des fragilités qui sont autant d'opportunités pour des pratiques d'érosion de la base d'imposition et de transfert de bénéfices (BEPS), appelant une action résolue de la part des dirigeants pour restaurer la confiance dans le système et faire en sorte que les bénéfices soient imposés là où les activités économiques sont réalisées et là où la valeur est créée.

À la suite de la parution du rapport intitulé *Lutter contre l'érosion de la base d'imposition et le transfert de bénéfices* en février 2013, les pays de l'OCDE et du G20 ont adopté en septembre 2013 un Plan d'action en 15 points visant à combattre ces pratiques. Les 15 actions à mener s'articulent autour de trois principaux piliers : harmoniser les règles nationales qui influent sur les activités transnationales, renforcer les exigences de substance dans les standards internationaux existants, et améliorer la transparence ainsi que la certitude.

Depuis lors, tous les pays de l'OCDE et du G20 ont œuvré sur un pied d'égalité, et la Commission européenne a également apporté sa contribution tout au long du projet BEPS. Les pays en développement ont été étroitement associés au moyen de différents mécanismes, notamment une participation directe aux travaux du Comité des affaires fiscales. En outre, des organisations fiscales régionales, comme le Forum sur l'administration fiscale africaine (ATAF), le Centre de rencontres et d'études des dirigeants des administrations fiscales (CREDAF), et le Centre interaméricain des administrations fiscales (CIAT), ont travaillé aux côtés d'organisations internationales, telles que le Fonds monétaire international (FMI), la Banque mondiale et les Nations Unies. Les parties prenantes ont été largement consultées : au total, le projet BEPS a fait l'objet de plus de 1 400 contributions d'entreprises, de fiscalistes, d'ONG et d'universitaires. 14 réunions publiques de consultation se sont tenues et ont été transmises en direct sur l'Internet, tandis que le Secrétariat de l'OCDE a diffusé des sessions interactives sur le Web afin de tenir le public informé de l'évolution du projet et de répondre à ses questions.

Après deux ans de travail, les 15 rapports prévus par le Plan d'action ont été établis. Tous ces rapports, y compris ceux publiés à titre provisoire en 2014, ont été réunis au sein d'un ensemble complet de mesures, qui représente le premier remaniement d'importance des règles fiscales internationales depuis près d'un siècle. La mise en œuvre des nouvelles mesures devrait conduire les entreprises à déclarer leurs bénéfices là où les activités économiques qui les génèrent sont réalisées et là où la valeur est créée. Les stratégies de planification fiscale qui s'appuient sur des règles périmées ou sur des dispositifs nationaux mal coordonnés seront caduques.

La mise en œuvre revêt donc une importance cruciale à ce stade. L'application des mesures prévues passe par des modifications de la législation et des pratiques nationales et par l'adoption de nouvelles dispositions conventionnelles, grâce à la négociation d'un instrument multilatéral qui devrait aboutir en 2016. Les pays de l'OCDE et du G20 ont également décidé de poursuivre leur coopération en vue de garantir une application cohérente et coordonnée des recommandations issues du projet BEPS. La mondialisation exige de trouver des solutions de portée mondiale et de nouer un dialogue mondial qui va au-delà des pays de l'OCDE et du G20. Pour promouvoir cet objectif, les pays de l'OCDE et du G20 concevront en 2016 un mécanisme complet de suivi auquel tous les pays intéressés participeront sur un pied d'égalité.

Une meilleure compréhension de la manière dont les recommandations issues du projet BEPS sont mises en pratique pourrait limiter les malentendus et les différends entre États. Une attention accrue portée à la mise en œuvre des actions et à l'administration de l'impôt pourrait être bénéfique tant pour les États que pour les entreprises. Enfin, des solutions sont proposées pour améliorer les données et les analyses, ce qui permettra d'évaluer et de quantifier régulièrement l'impact des mécanismes d'érosion de la base d'imposition et transfert de bénéfices et les résultats des mesures issues du projet BEPS appliquées pour lutter contre ces pratiques.

Table des matières

Tableaux

Abréviations et acronymes

AAO	Approche autorisée de l'OCDE
APP	Accord préalable en matière de prix
BEPS	Érosion de la base d'imposition et transfert des bénéfices
CAF	Comité des affaires fiscales
DFA	Décision fiscale anticipée
ER	Échange de renseignements
ES	Établissement stable
FHTP	Forum sur les pratiques fiscales dommageables
GAFI	Groupe d'action financière
MAC	Convention sur l'assistance administrative mutuelle en matière fiscale
MNE	Entreprise multinationale
NAC	Note d'application consolidée
NCD	Norme d'échange automatique de renseignements relatifs aux comptes financiers
NIF	Numéro d'identification fiscale
OCDE	Organisation de coopération et de développement économique
PI	Propriété intellectuelle
PT	Prix de transfert
R&D	Recherche et développement
SEC	Sociétés étrangères contrôlées
UE	Union européenne

Synthèse

Plus de 15 ans se sont écoulés depuis la publication du Rapport de 1998 de l'Organisation de coopération et de développement économiques (OCDE) *Concurrence Fiscale Dommageable : Un problème mondial* et les inquiétudes en matière de politique exprimées alors restent toujours aussi pertinentes. Les préoccupations actuelles concernent principalement les régimes préférentiels risquant d'être utilisés à des fins de transfert artificiel des bénéfices et le manque de transparence relatif à certaines décisions. L'importance continue du travail sur les pratiques fiscales dommageables est soulignée par l'intégration du présent document au *Plan d'action concernant l'érosion de la base d'imposition et le transfert des bénéfices* (le Plan d'action, OCDE, 2013), dont l'action 5 engage le forum sur les pratiques fiscales dommageables (FHTP) à :

> Refondre les travaux relatifs aux pratiques fiscales dommageables en donnant la priorité à l'amélioration de la transparence, notamment par le biais de l'échange spontané obligatoire d'information sur les décisions relatives à des régimes préférentiels, ainsi qu'à l'obligation de requérir une activité substantielle pour l'instauration de tout régime préférentiel. Une approche globale sera suivie afin d'évaluer les régimes fiscaux préférentiels dans le contexte de l'érosion de la base d'imposition et du transfert de bénéfices. Ces travaux engendreront un dialogue avec les pays non membres de l'OCDE en s'appuyant sur le cadre existant et pourront éventuellement réviser ou compléter ce cadre.

En 2014, le FHTP a publié un rapport initial, que le présent rapport final incorpore et remplace. Dans ses activités, la priorité du FHTP est la conclusion et l'application d'une méthodologie visant à définir les exigences en matière d'activité substantielle en vue d'évaluer les régimes préférentiels, en examinant d'abord ceux relatifs à la propriété intellectuelle (PI), avant de se consacrer à l'ensemble des autres types de régimes préférentiels. Les travaux portent également sur l'amélioration de la transparence à travers l'échange spontané obligatoire de renseignements afférents à certaines décisions, dont l'absence pourrait donner lieu à des inquiétudes en matière de BEPS.

Exigence d'une activité substantielle pour l'instauration de régimes préférentiels

Les pays ont convenus que l'exigence d'une activité substantielle en vue d'évaluer les régimes préférentiels doit être renforcée afin de réaligner l'imposition des bénéfices avec leurs activités substantielles à leur origine. Un grand nombre d'approches ont été envisagées et le consensus s'est porté sur l'« approche nexus ». Cette approche a été développée en lien avec les régimes de la propriété intellectuelle et permet à un contribuable de bénéficier d'un régime de la propriété intellectuelle dans la seule mesure où ledit contribuable a lui-même engagé les dépenses de recherches et développement autorisées ayant généré les revenus de la propriété intellectuelle. L'approche nexus considère les dépenses comme indicatives de l'activité et se fonde sur le principe suivant : les régimes de la propriété intellectuelle ayant vocation à encourager les activités de R&D et à stimuler l'emploi et la croissance, une exigence en matière d'activité substantielle doit assurer que les contribuables bénéficiant de ces régimes se trouvent bien à la source desdites activités et ont engagé des dépenses réelles à l'égard de celles-ci. Le même principe peut être appliqué aux autres régimes préférentiels afin que les bénéfices accordés par ceux-ci au contribuable soient liés à une exigence d'activité substantielle, ce qui implique que ledit contribuable a procédé aux principales activités génératrices de revenus requises pour produire le type de revenus couverts par lesdits régimes préférentiels.

Amélioration de la transparence

Dans le domaine de la transparence, il a été convenu d'un cadre couvrant l'ensemble des décisions pouvant entraîner des inquiétudes en matière d'érosion de la base d'imposition et de transfert des bénéfices en l'absence d'échanges spontanés obligatoires de renseignements. Le cadre couvre six catégories de décisions : *(i)* les décisions liées aux régimes préférentiels ; *(ii)* les accords préalables en matière de prix de transfert ou toute autre décision unilatérale relative aux prix de transfert ; *(iii)* les décisions permettant un ajustement à la baisse des profits ; *(iv)* les décisions relatives aux établissements stables ; *(v)* les décisions en matière d'intermédiaires ; et *(vi)* tout autre type de décision au sujet duquel le FHTP convient ultérieurement qu'il est susceptible de donner lieu à des inquiétudes en matière d'érosion de la base d'imposition et de transfert de bénéfices en l'absence d'échange de renseignements. Cela ne signifie pas que lesdites décisions soient par essence préférentielles ou qu'elles vont seules donner lieu à un phénomène de BEPS. Toutefois, le cadre souligne que le manque de transparence dans le fonctionnement d'un régime ou d'une procédure administrative peut donner lieu à des disparités dans le traitement fiscal et à des cas de double non-imposition. Pour les pays disposant des structures juridiques adéquates, l'échange de renseignements en vertu dudit cadre commencera le 1er avril 2016 pour les décisions futures. Les échanges concernant certaines décisions passées devront avoir été effectués au 31 décembre 2016. Le rapport présente également les meilleures pratiques pour les décisions transnationales.

Évaluation des régimes préférentiels

Un total de 43 régimes préférentiels ont été évalués, dont 16 régimes de la PI. Le rapport contient les résultats de l'application des facteurs mentionnés au rapport de 1998, ainsi que des facteurs d'activité substantielle et de transparence, aux régimes préférentiels des pays membres et associés. Toutefois, le facteur d'activité substantielle a été jusqu'à présent uniquement appliqué aux régimes de la PI. Eu égard à l'activité substantielle, il a été déterminé que l'ensemble des régimes de la PI évalués sont, partiellement ou en totalité, contraires à l'approche nexus, telle que mentionnée dans le présent rapport. Cela montre que, contrairement à d'autres aspects des travaux relatifs aux pratiques fiscales dommageables, les modalités de cette approche n'ont été décidées que lors du projet BEPS, alors que les régimes ont été mis en place antérieurement. Les pays disposant desdits régimes vont procéder à un examen des possibles modifications à apporter aux dispositions concernées. Les travaux d'évaluation des régimes préférentiels du FHTP se poursuivront, en gardant à l'esprit que les régimes évalués avant la mise en place du critère d'activité substantielle peuvent avoir besoin d'être réévalués.

Prochaines étapes

Le Rapport énonce les éléments d'une stratégie visant à agir avec les pays qui ne sont ni membres, ni associés, en vue de définir des règles de jeu équitables et d'éviter le risque que les travaux sur les pratiques fiscales dommageables déplacent les régimes concernés dans des pays tiers. En outre, le statut des discussions sur les révisions ou les ajouts au cadre existant est également mentionné. Ces aspects des travaux seront poursuivis dans le contexte de l'objectif plus vaste de la conception d'un cadre plus inclusif pour soutenir et contrôler la mise en place des mesures BEPS.

Un mécanisme de suivi et d'évaluation continu couvrant les régimes préférentiels, régimes de la PI inclus, ainsi que le cadre de la transparence, sont convenus et vont être à présent mis en place.

Chapitre 1

Introduction et contexte

1. Lors de sa réunion de juin 2013, le Comité des affaires fiscales (CAF) de l'Organisation de coopération et de développement économiques (OCDE) a approuvé le Plan d'action BEPS (OCDE, 2013a) qui a ensuite été entériné par les ministres des Finances du G20 lors de leur réunion de juillet 2013 et par les dirigeants du G20 lors de leur réunion de septembre 2013. En réponse à la demande figurant dans le Rapport BEPS (OCDE, 2013b) de trouver « des solutions permettant de lutter plus efficacement contre les régimes dommageables, en prenant également en compte des facteurs tels que la transparence et la substance »[1], l'Action 5 du projet de *l'OCDE/du G20 sur l'érosion de la base d'imposition et le transfert des bénéfice*s (BEPS) appelle le Forum sur les pratiques fiscales dommageables (FHTP) à[2] :

> Refondre les travaux relatifs aux pratiques fiscales dommageables en donnant la priorité à l'amélioration de la transparence, notamment par le biais de l'échange spontané obligatoire de renseignements sur les décisions relatives à des régimes préférentiels, ainsi qu'au moyen de l'exigence d'une activité substantielle préalablement à l'instauration de tout régime préférentiel. Une approche globale sera suivie afin d'évaluer les régimes fiscaux préférentiels dans le contexte de l'érosion de la base d'imposition et du transfert de bénéfices. Ces travaux engageront un dialogue avec les pays non-membres de l'OCDE, en s'appuyant sur le cadre existant et pourront éventuellement réviser ou compléter ce cadre (OECD, 2013a).

2. Comme l'indique bien l'Action 5, les travaux dans ce domaine ne sont pas nouveaux. En 1998, l'OCDE a publié un rapport intitulé la *Concurrence Fiscale Dommageable : Un Problème Mondial* (Rapport de 1998, OCDE, 1998). Ce rapport a posé les bases des travaux de l'OCDE dans le domaine des pratiques fiscales dommageables, le FHTP étant créé pour les mener à bien. Il a été publié en réponse à la demande formulée par les Ministres de concevoir des mesures pour contrecarrer les pratiques fiscales dommageables relatives aux activités géographiquement mobiles comme les activités financières et les autres prestations de service, y compris la mise à disposition de biens incorporels. La nature de ces activités en facilite le transfert d'un pays à l'autre. La mondialisation et l'innovation technologique ont encore accentué cette mobilité. L'objectif des travaux de l'OCDE dans le domaine des pratiques fiscales dommageables est d'assurer l'intégrité des systèmes fiscaux en traitant les problèmes posés par les régimes appliqués aux activités mobiles qui réduisent de façon inéquitable les bases d'imposition d'autres pays, et qui peuvent fausser la localisation du capital et des services. Ces pratiques peuvent aussi provoquer des transferts non souhaités d'une partie de la charge fiscale vers des bases d'imposition moins mobiles telles que la main-d'œuvre, le patrimoine et la consommation, ainsi qu'accroître les coûts administratifs et les charges qu'entraîne la discipline fiscale pour les administrations fiscales et les contribuables.

3. Les travaux consacrés aux pratiques fiscales dommageables ne visent ni à promouvoir l'harmonisation générale des impôts sur les revenus ou des structures fiscales au sein ou à l'extérieur de l'OCDE, ni à dicter à un pays, quel qu'il soit, ce que devrait être le niveau approprié des taux d'imposition. Ils ont plutôt pour objet de limiter les distorsions induites par la fiscalité sur la localisation d'activités financières et de prestations de service à caractère mobile, de façon à encourager la création d'un environnement permettant une concurrence fiscale libre et équitable. Cela est indispensable pour avancer vers des « règles du jeu équitables » et la poursuite de la croissance économique mondiale. Il est reconnu depuis longtemps qu'une « course au moins-disant » conduirait à terme à des taux d'imposition nuls sur certaines sources de revenu dans tous les pays, que cela soit ou non leur objectif, et que la lutte contre les pratiques fiscales dommageables est dans l'intérêt commun des pays membres et non-membres de l'OCDE. L'efficacité des actions menées unilatéralement contre ces pratiques est manifestement limitée. En conduisant à un accord sur un ensemble de critères communs et en favorisant la mise en place d'un cadre de coopération, les travaux sur ce thème ne font pas que contribuer à la souveraineté fiscale effective des pays à l'égard de la conception de leurs systèmes d'imposition ; ils leur permettent aussi de mieux réagir contre les pratiques fiscales dommageables des autres.

4. Plus de 15 ans se sont écoulés depuis la publication du Rapport de 1998, mais les préoccupations politiques qui y étaient exprimées ont gardé leur pertinence. Dans certains domaines, elles portent peut-être moins sur le cantonnement traditionnel et davantage sur les baisses généralisées du taux de l'impôt sur les bénéfices des sociétés pour certains types de revenu (tels que ceux tirés d'activités financières ou de la mise à disposition de biens incorporels). Les régimes préférentiels continuent d'être l'un des domaines dans lesquels les pressions sont les plus fortes, comme en témoigne leur inclusion dans le Rapport BEPS[3] et dans l'Action 5 du Plan d'action BEPS[4].

5. En vertu de l'action 5, le FHTP doit assurer les trois objectifs suivants :

- Premièrement, finaliser l'examen des régimes préférentiels des pays membres et associés.
- Deuxièmement, adopter une stratégie d'extensions de la participation des pays tiers.
- Troisièmement, examiner les possibilités de révisions ou d'ajouts à apporter au cadre existant.

6. En septembre 2014, l'OCDE a publié le premier rapport d'étape sur les progrès du FHTP à l'égard de ces objectifs, *Lutter plus efficacement contre les pratiques fiscales dommageables en tenant compte de la transparence et de la substance* (Rapport d'étape 2014, OCDE, 2014). Ce rapport est le rapport final sur l'action 5 et incorpore et remplace le rapport d'étape 2014.

Notes

1. Voir le chapitre 5 du Rapport BEPS – Lutter contre l'érosion de la base d'imposition et le transfert de bénéfices, page 60.
2. Voir l'Action 5 du Plan d'action BEPS – Lutter plus efficacement contre les pratiques fiscales dommageables en tenant compte de la transparence et de la substance, page 19.

3. Voir le chapitre 5 du Rapport BEPS – Lutter contre l'érosion de la base d'imposition et le transfert de bénéfices, page 54.

4. Voir l'Action 5 du Plan d'action BEPS – Lutter plus efficacement contre les pratiques fiscales dommageables en tenant compte de la transparence et de la substance, page 19.

Bibliographie

OCDE (2014), *Lutter plus efficacement contre les pratiques fiscales dommageables en tenant compte de la transparence et de la substance*, OCDE. http://dx.doi.org/10.1787/9789264225305-fr.

OCDE (2013a), *Plan d'action concernant l'érosion de la base d'imposition et le transfert de bénéfices,* OCDE. http://dx.doi.org/10.1787/9789264203242-fr.

OCDE (2013b), *Lutter contre l'érosion de la base d'imposition et le transfert de bénéfices*, OCDE. http://dx.doi.org/10.1787/9789264192904-fr.

OCDE (1998), *Concurrence fiscale dommageable : Un problème mondial*, OCDE. http://dx.doi.org/10.1787/9789264262942-fr.

Chapitre 2

Aperçu général des travaux de l'OCDE sur les pratiques fiscales dommageables

7. Dans le Rapport de 1998 (OCDE, 1998), les travaux relatifs aux pratiques fiscales dommageables étaient divisés en trois volets : *(i)* les régimes préférentiels dans les pays membres de l'OCDE, *(ii)* les paradis fiscaux et *(iii)* les économies non-membres de l'OCDE. Selon le Rapport, quatre facteurs essentiels et huit autres facteurs permettent de déterminer si un régime préférentiel est potentiellement dommageable [1]. En outre, quatre facteurs essentiels permettent de définir « les paradis fiscaux » [2]. Ce rapport a été suivi de quatre rapports d'étape :

a. Le premier rapport, publié en juin 2000 (Rapport de 2000, OCDE, 2001), décrivait les progrès réalisés et, entre autres choses, distinguait 47 régimes potentiellement dommageables parmi les pays membres de l'OCDE et 35 juridictions correspondant aux critères des paradis fiscaux (en sus des six juridictions correspondant aux critères, qui s'étaient engagées à l'avance à éliminer les pratiques fiscales dommageables).

b. Un deuxième rapport d'étape a été diffusé en 2001 (OCDE, 2002a). Il apportait plusieurs modifications notables aux aspects des travaux concernant les paradis fiscaux. Plus important encore, le rapport prévoyait qu'en déterminant quelles juridictions seraient considérées comme des paradis fiscaux non coopératifs, on ne chercherait à obtenir que des engagements sur les principes d'un échange effectif de renseignements et de transparence.

c. De 2000 à 2004, des indications génériques, sous forme de notes « d'application » ont été formulées, pour aider les pays membres à effectuer l'examen des régimes préférentiels existants ou futurs ainsi qu'à apprécier la présence éventuelle de l'un des facteurs cités dans le Rapport de 1998. Des notes d'application ont été établies sur les thèmes de la transparence et de l'échange de renseignements, du cantonnement, des prix de transfert, des décisions, des sociétés holding, de la gestion de fonds et du transport maritime. Les différentes notes ont été rassemblées sous forme d'une seule Note d'application consolidée (NAC, [OCDE, 2004a]).

d. Au début de 2004, l'OCDE a publié un autre rapport (Rapport de 2004, OCDE, 2004b), consacré surtout aux progrès effectués vers la suppression des aspects dommageables des régimes préférentiels des pays membres de l'OCDE. Outre les 47 régimes recensés en 2000, le rapport se prononçait sur les sociétés holding et les régimes préférentiels similaires. Il examinait aussi un certain nombre de régimes introduits depuis le recensement initial en 2000 des régimes potentiellement dommageables, mais aucun d'entre eux n'a été considéré comme dommageable au sens du Rapport de 1998.

e. Enfin, un rapport sur les régimes préférentiels des pays membres a été diffusé en septembre 2006 (OCDE, 2006). Des 47 régimes considérés au départ comme potentiellement dommageables par le rapport de 2000, 46 avaient été abolis, modifiés ou n'étaient plus jugés dommageables à la suite d'une analyse plus approfondie. Un seul régime préférentiel a été jugé effectivement dommageable et le pays en question a ensuite adopté une législation pour l'abolir.

8. Au fil du temps, les travaux relatifs aux paradis fiscaux ont été de plus en plus effectués dans le cadre du Forum mondial sur la fiscalité (Forum mondial), qui a été institué au début des années 2000 pour ouvrir un dialogue sur les questions fiscales avec les pays non-membres de l'OCDE. Les juridictions qui s'étaient engagées à respecter les principes d'échange effectif de renseignements sur demande et de transparence ont été invitées à participer au Forum aux côtés des pays membres de l'OCDE pour préciser ces principes et assurer leur application. En 2002, le Forum mondial a élaboré le *Modèle d'accord sur l'échange de renseignements en matière fiscale* (OCDE, 2002) et, en 2005, il s'est accordé sur les normes de transparence relatives à la disponibilité et à la fiabilité des renseignements. Depuis 2006, il publie une évaluation annuelle des progrès réalisés dans la mise en œuvre des normes[3].

9. En septembre 2009, le Forum mondial a été renommé Forum mondial sur la transparence et l'échange de renseignements à des fins fiscales et a été restructuré afin d'élargir sa composition et son champ d'intervention et d'améliorer sa gouvernance[4]. Par la suite, le CAF a décidé de restructurer les organismes responsables de l'échange de renseignement (ER) en créant le Groupe de travail n° 10 sur l'échange de renseignements et la conformité en matière fiscale, afin d'assumer les responsabilités du Groupe de travail n° 8 sur l'évasion fiscale, ainsi que les éléments d'ER précédemment pris en charge par le FHTP[5]. Désormais, les travaux du FHTP sont donc centrés sur les régimes fiscaux préférentiels et les mesures défensives en rapport avec eux (sauf celles concernant une absence d'échange de renseignements ou de transparence).

Notes

1. Ces facteurs et la procédure suivie pour déterminer si un régime préférentiel est dommageable au sens du cadre défini dans le Rapport de 1998 sont décrits ci-après au chapitre 3, section II.

2. Les quatre facteurs essentiels qui définissent un « paradis fiscal » sont : *(i)* des impôts inexistants ou à un taux nominal sur le revenu concerné ; *(ii)* l'absence d'un véritable échange de renseignements ; *(iii)* l'absence de transparence ; *(iv)* l'absence d'activités substantielles. Le premier facteur ne suffit pas à lui seul à classer une juridiction comme paradis fiscal.

3. On peut accéder aux rapports en question sur la page Internet : www.oecd.org/tax/transparency/keypublications.htm.

4. On trouvera des informations concernant le Forum mondial sur la transparence et l'échange de renseignements à des fins fiscales sur : www.oecd.org/tax/transparency.

5. Les mesures défensives en rapport avec l'absence d'échange de renseignements sur demande ou de transparence sont du ressort du Groupe de travail n° 10 sur l'échange de renseignement et la confor mité fiscale. Toutefois, l'action 5 requiert que le FHTP « refonde les travaux relatifs aux pratiques fiscales dommageables en donnant la priorité à l'amélioration de la transparence ». En vertu de ce champ d'action, le FHTP a pris en compte les régimes en vigueur dans les pays membres et associés et a développé un cadre général de bonnes pratiques pour la conception et l'application des régimes de décisions, tel que décrit ci-après au chapitre 5.

Bibliographie

OCDE (2006), *Projet de l'OCDE sur les pratiques fiscales dommageables : Mise à jour de 2006 sur les progrès dans les pays membres,* OCDE. www.oecd.org/fr/ctp/dommageables/37446444.pdf.

OCDE (2004a), *Note d'application consolidée : Indications pour l'application du Rapport de 1998 aux régimes fiscaux préférentiels*, OCDE. www.oecd.org/fr/ctp/dommageables/30901141.pdf.

OCDE (2004b), *Pratiques fiscales dommageables : Rapport d'étape 2004*, OCDE. www.oecd.org/fr/ctp/dommageables/30901107.pdf.

OCDE (2002a), Projet de l'OCDE sur les pratiques fiscales dommageables : Rapport d'étape 2001, OCDE. http://dx.doi.org/10.1787/9789264034839-fr.

OCDE (2002b), *Modèle d'accord sur l'échange de renseignements en matière fiscale*, OCDE. http://dx.doi.org/10.1787/9789264034853-en.

OCDE (2001), *Towards Global Tax Co-operation : Progress in Identifying and Eliminating Harmful Tax Practices*, OCDE. http://dx.doi.org/10.1787/9789264184541-en.

OCDE (1998), *Concurrence fiscale dommageable : Un problème mondial*, OCDE. http://dx.doi.org/10.1787/9789264262942-fr.

Chapitre 3

Cadre prévu par le rapport de 1998 pour déterminer si un régime est un régime préférentiel dommageable

10. Le présent chapitre décrit le cadre établi par le Rapport de 1998 (OCDE, 1998) permettant de déterminer si un régime est un régime préférentiel dommageable. Le cadre comprend trois étapes :

a. Examen du régime pour déterminer s'il relève des travaux du FHTP et s'il est préférentiel ;

b. Prise en compte des quatre facteurs essentiels et des huit autres facteurs retenus dans le Rapport de 1998 pour déterminer si un régime préférentiel est potentiellement dommageable ;

c. Étude des effets économiques d'un régime pour déterminer si un régime potentiellement dommageable l'est effectivement.

I. Examen du régime pour déterminer s'il relève des travaux du FHTP et s'il est préférentiel

A. Domaine de compétence du FHTP

11. Pour relever du champ d'application du Rapport de 1998, le régime doit d'abord s'appliquer à un revenu émanant d'activités géographiquement mobiles, telles que les activités financières et les autres prestations de service, y compris la fourniture de biens incorporels. Les régimes préférentiels conçus pour attirer les investissements dans des usines, bâtiments et biens d'équipement ne rentrent pas dans le cadre du Rapport de 1998 [1].

12. Deuxièmement, le régime doit concerner l'imposition dudit revenu tiré d'activités géographiquement mobiles. Les travaux portent donc essentiellement sur la fiscalité des entreprises. Les impôts sur la consommation sont explicitement exclus [2]. Les impôts sur les entreprises peuvent être prélevés au niveau national, fédéral ou central (« impôts nationaux ») et/ou au niveau infranational, infra fédéral ou décentralisé (« impôts infranationaux »). Les impôts infranationaux sont ceux qui sont perçus au niveau des états, régions, provinces ou collectivités locales. Dans le cadre de l'examen actuel, la question s'est posée de savoir si les régimes qui offrent des avantages fiscaux exclusivement au niveau infranational (« régimes infranationaux ») entrent dans le champ des travaux du FHTP. Ce point est discuté dans le chapitre 6.

B. Traitement fiscal préférentiel

13. Pour qu'un régime fiscal soit considéré comme préférentiel, il doit offrir une certaine forme de préférence fiscale comparativement aux principes généraux de la fiscalité du pays concerné. Cette préférence peut prendre des formes diverses, par exemple la réduction du taux ou de la base d'imposition ou encore des conditions préférentielles de paiement ou de restitution d'impôts. Même un faible niveau de préférence suffit pour classer un régime comme préférentiel. Le facteur déterminant est que le régime doit être préférentiel *comparativement aux principes généraux de la fiscalité du pays concerné* et non comparativement aux principes appliqués dans d'autres pays. Ainsi, quand le taux de l'impôt sur les sociétés appliqué à tous les revenus dans un pays donné est de 10 %, l'imposition de revenus tirés d'activités mobiles au taux de 10 % n'est pas préférentielle, même si ce taux est inférieur au taux appliqué dans d'autres pays.

II. Prise en compte des quatre facteurs essentiels et des huit autres facteurs énoncés dans le Rapport de 1998 pour déterminer si un régime préférentiel est potentiellement dommageable

14. Dans le cadre des travaux du FHTP, quatre facteurs essentiels et huit autres facteurs sont utilisés pour déterminer si un régime préférentiel est potentiellement dommageable[3]. Une référence au critère d'activité substantielle est déjà incluse dans les huit autres facteurs, il ne s'agit donc pas d'un élément nouveau. Les huit autres facteurs servent pour l'essentiel à énoncer avec plus de détails, certains des principes et hypothèses clés devant être considérés dans l'application des facteurs essentiels.

15. Les quatre facteurs essentiels sont les suivants :

a. Le régime offre un taux d'imposition effectif nul ou peu élevé pour les revenus provenant d'activités financières et d'autres activités de service géographiquement mobiles.

b. Le régime est cantonné par rapport à l'économie nationale.

c. Le régime manque de transparence (par exemple les détails de ce régime ou de son application ne sont pas apparents ou bien la supervision réglementaire ou la communication d'informations financières sont inadéquates).

d. Il n'existe pas d'échange effectif de renseignements concernant le régime[4].

16. Les huit autres facteurs sont :

a. Définition artificielle de la base d'imposition.

b. Non-respect des principes internationaux applicables en matière de prix de transfert.

c. Exonération de l'impôt du pays de résidence pour les revenus de source étrangère.

d. Possibilité de négocier le taux ou l'assiette d'imposition.

e. Existence de dispositions relatives au secret.

f. Accès à un vaste réseau de conventions fiscales.

g. Promotion du régime en tant qu'instrument de minimisation de l'impôt.

h. Le régime encourage les activités ou arrangements dont les motivations sont exclusivement fiscales et qui ne supposent aucune activité substantielle.

17. Pour qu'un régime soit considéré comme potentiellement dommageable, le premier facteur clé – c'est-à-dire le taux d'imposition effectif nul ou peu élevé – doit s'appliquer. Il s'agit du critère d'entrée. Quand un régime offre des avantages fiscaux à la fois au niveau national et infranational, on se base sur la conjonction des taux effectifs d'imposition à ces deux niveaux pour déterminer si le régime correspond à ce facteur. La réduction des seuls impôts nationaux peut être considérée dans certains cas comme suffisante pour déterminer si les entités bénéficiant du régime sont sujettes à un taux effectif d'imposition insignifiant ou nul. L'application du facteur de taux d'imposition effectif nul ou peu élevé aux régimes n'offrant des avantages fiscaux qu'au niveau infranational est évoquée ci-après au chapitre 6.

18. Quand un régime répond au facteur de taux d'imposition effectif nul ou peu élevé, l'examen de son caractère potentiellement dommageable doit découler d'une appréciation globale de chacun des trois autres « facteurs essentiels » et, le cas échéant, des huit « autres facteurs ». Lorsque le premier facteur et un ou plusieurs des autres facteurs s'appliquent, un régime est qualifié de potentiellement dommageable.

III. Examen des effets économiques d'un régime pour déterminer si un régime potentiellement dommageable l'est effectivement

19. Un régime qui a été identifié comme potentiellement dommageable au vu d'une analyse des facteurs précités peut n'être pas considéré comme effectivement dommageable s'il n'apparaît pas avoir créé d'effets économiques dommageables.

20. Pour procéder à cet examen, il peut être utile de poser les trois questions suivantes :

- le régime fiscal préférentiel a-t-il pour effet de déplacer des activités vers le pays qui l'applique plutôt que de créer un volume substantiel de nouvelles activités ?
- la présence et le niveau des activités dans le pays d'accueil sont-ils en rapport avec le niveau de l'investissement ou du revenu ?
- l'existence du régime préférentiel est-elle la motivation première du choix de la localisation d'une activité[5] ?

21. Après la prise en compte de son incidence économique, un régime qui a eu des effets dommageables est placé dans la catégorie des régimes préférentiels dommageables.

22. Quand il est avéré qu'un régime préférentiel est effectivement dommageable, on donne au pays concerné la possibilité de l'abolir ou de supprimer les aspects qui sont à l'origine de l'effet dommageable. Les autres pays sont susceptibles de prendre des mesures défensives afin de contrer les effets du régime dommageable, tout en encourageant dans le même temps le pays appliquant ledit régime à le modifier ou le supprimer[6]. Il est reconnu que des mesures défensives peuvent aussi s'appliquer à des situations n'impliquant pas de régimes préférentiels dommageables tels qu'ils sont définis dans le Rapport de 1998. Ce rapport n'a pas d'incidence sur le droit des pays à recourir à ces mesures dans des situations de cette nature[7].

Notes

1. Voir le paragraphe 6 du Rapport de 1998, page 8.
2. Voir le paragraphe 7 du Rapport de 1998, page 9.
3. Voir les paragraphes 59 à 79 du Rapport de 1998, pages 28-38.
4. On notera qu'en évaluant les facteurs de transparence et d'échange effectif de renseignements, le FHTP examine spécifiquement comment un régime donné se situe par rapport à ces facteurs. Il ne tente pas de refaire le travail du Forum mondial, qui a une vision plus large et plus générale de la transparence et de l'échange effectif de renseignements. Toutefois, dans la mesure où le Forum mondial met en lumière certaines questions concernant un régime en particulier, le FHTP en tient compte dans ses examens.
5. Pour plus de précisions sur chacune de ces questions, voir les paragraphes 80 à 84 du Rapport de 1998, pages 38-40.
6. Voir le paragraphe 96 du Rapport de 1998, pages 44-45.
7. Voir le paragraphe 98 du Rapport de 1998, pages 45-46, qui pose spécifiquement ce principe à l'égard des règles applicables aux sociétés étrangères contrôlées (SEC).

Bibliographie

OCDE (1998), *Concurrence fiscale dommageable : Un problème mondial*, OCDE. http://dx.doi.org/10.1787/9789264262942-fr.

Chapitre 4

Refondre les travaux relatifs aux pratiques fiscales dommageables : exigence d'une activité substantielle

23. Afin de lutter plus efficacement contre les régimes dommageables, l'Action 5 du Plan d'action BEPS (OCDE, 2013) demande au FHTP de refondre les travaux relatifs aux pratiques fiscales dommageables en mettant un nouvel accent sur l'obligation d'une activité substantielle pour tout régime préférentiel et en donnant la priorité à l'amélioration de la transparence, notamment par l'échange spontané obligatoire des décisions relatives aux régimes préférentiels. Le présent chapitre décrit les travaux effectués par le FHTP dans le premier de ces deux domaines prioritaires. La discussion portant sur l'activité substantielle dans ce chapitre, s'appuie sur et intègre la discussion figurant dans le Rapport d'étape 2014 (OCDE, 2014) afin de regrouper toutes les discussions relatives à l'approche du lien dans un même rapport. Le présent chapitre est donc indépendant et contient toutes les indications sur l'approche du lien et ses applications dans le contexte de régimes qui accordent un traitement fiscal préférentiel à certains revenus de la propriété intellectuelle éligibles (« régimes de PI »).

I. Introduction

24. L'Action 5 exige spécifiquement l'existence d'une activité substantielle pour tout régime préférentiel. Replacé dans le cadre plus large des travaux consacrés au BEPS, cette obligation contribue au second pilier du projet BEPS qui consiste à aligner la fiscalité sur la substance en s'assurant que les bénéfices imposables ne puissent plus être artificiellement transférés des pays où a lieu la création de valeur. Le cadre établi par le Rapport de 1998 (OCDE, 1998) prévoit déjà une obligation d'activité substantielle. Celle-ci résulte en particulier du douzième facteur (c'est-à-dire du huitième « autre » facteur) énoncé dans le rapport. Il s'agit de déterminer si un régime « encourage les activités ou arrangements à motivation exclusivement fiscale », étant précisé qu'« un grand nombre de régimes fiscaux préférentiels dommageables sont conçus de manière à permettre aux contribuables de bénéficier du régime en s'engageant dans des opérations dont les motivations sont exclusivement fiscales et qui ne supposent aucune activité substantielle ». Le Rapport de 1998 donne des indications limitées sur la façon d'appliquer ce facteur.

25. L'Action 5 donne une importance accrue au facteur d'activité substantielle en demandant qu'il soit précisé dans le contexte des travaux BEPS. Il devra être examiné conjointement aux quatre facteurs essentiels pour déterminer si un régime préférentiel relevant du FHTP est potentiellement dommageable. Le FHTP a envisagé diverses méthodes pour l'application du facteur d'« activité substantielle » dans le contexte des régimes de PI. Il existe un lien entre ces travaux et l'affirmation figurant dans le plan d'action BEPS selon laquelle les préoccupations actuelles à propos des pratiques fiscales

dommageables concernent peut-être moins le cantonnement traditionnel que les réductions du taux d'imposition des bénéfices des sociétés sur des catégories particulières de revenu, telles que ceux provenant de la fourniture de biens incorporels[1]. Tous les régimes de PI applicables aux biens incorporels des pays membres et des pays Associés sont étudiés en même temps dans le cadre de l'examen en cours, alors qu'aucun d'entre eux ne l'avait été précédemment. L'obligation précisée d'activité substantielle peut donc être appliquée sans qu'il soit nécessaire de réévaluer les régimes de PI examinés antérieurement. En vertu de l'Action 5, l'obligation d'activité substantielle s'applique à tous les régimes préférentiels relevant du FHTP autres que les régimes de PI et le FHTP a aussi pris cet aspect en considération.

II. L'obligation d'activité substantielle dans le contexte des régimes de PI

26. Les régimes qui accordent une préférence fiscale aux revenus émanant de PI suscitent des préoccupations à propos de l'érosion de la base d'imposition qui sont au cœur des travaux du FHTP. On reconnaît néanmoins que les secteurs à forte intensité de PI constituent un facteur essentiel de la croissance et de l'emploi, et que les pays ont toute liberté pour accorder des incitations fiscales aux activités de recherche-développement (R&D) à condition qu'elles le soient conformément aux principes convenus par le FHTP. L'approche adoptée par le FHTP pour exiger l'existence d'activités substantielles ne vise donc pas à recommander un régime spécifique de PI mais plutôt à décrire les limites extérieures d'un régime de PI accordant des avantages aux activités de R&D mais ne comportant pas d'effets dommageables pour d'autres pays. Le FHTP ne recommande pas l'introduction de régimes de PI et les juridictions conservent la liberté de décider ou non d'instituer un régime de PI. Les régimes qui offrent des avantages à un ensemble plus restreint de revenus, d'actifs de PI, de dépenses ou de contribuables que ceux présentés ci-dessous seraient également conformes à l'approche du FHTP.

27. Le FHTP a envisagé trois méthodes différentes pour exiger la présence d'activités substantielles dans un régime de PI. La première, qui se référait à la création de valeur, faisait obligation aux contribuables d'entreprendre un nombre donné d'activités significatives de développement. Cette approche n'a pas eu plus de soutien que les deux autres. La deuxième est une méthode de prix de transfert qui permettrait à un régime d'accorder des avantages à tout le revenu généré par PI à trois conditions : que le contribuable ait localisé un nombre donné de fonctions importantes dans la juridiction offrant ce régime; qu'il soit propriétaire légal des actifs donnant lieu aux avantages fiscaux et qu'il utilise les actifs en question; qu'il supporte les risques économiques liés aux actifs donnant droit aux avantages fiscaux. Quelques pays se sont prononcés en faveur de l'approche du prix de transfert, mais de nombreux pays ayant émis un certain nombre d'objections concernant cette méthode, le FHTP n'a pas poursuivi dans cette voie. La troisième méthode était l'approche du lien, adoptée par le FHTP et soutenue par le G20[2].

28. Selon cette approche, on examine si le régime de PI fait dépendre ses avantages de l'importance des activités de Recherche et développement (R&D) des contribuables qui en bénéficient. Elle s'inspire du principe de base qui régit les crédits de R&D et les régimes fiscaux similaires « à l'entrée » qui s'appliquent aux dépenses engagées lors de la création de PI. En vertu de ces régimes les dépenses et les avantages sont liés puisque les premières servent à calculer l'avantage fiscal. L'approche du lien étend ce principe pour l'appliquer « à la sortie » aux régimes fiscaux qui s'appliquent aux revenus réalisés après la création et l'exploitation de PI. Ainsi, au lieu d'obliger les juridictions à se limiter aux régimes de PI accordant directement des avantages aux dépenses engagées pour la création de PI,

l'approche du lien leur permet aussi d'accorder des avantages au revenu provenant de cette PI – pourvu qu'il existe un lien direct entre le revenu bénéficiant d'avantages et les dépenses contribuant à ce revenu. L'accent mis sur les dépenses est conforme à la finalité des régimes de PI en garantissant que les régimes destinés à encourager les activités de R&D réservent les avantages aux contribuables qui se livrent effectivement à ces activités.

29. Les dépenses servent donc d'indicateur approximatif des activités substantielles. Ce n'est pas leur *montant* qui constitue un indicateur approximatif direct du montant des activités. C'est plutôt la *proportion* de dépenses ayant un rapport direct avec des activités de développement qui démontre la véritable valeur ajoutée par le contribuable et qui sert d'indicateur approximatif d'activité substantielle que le contribuable a entreprise. L'approche du lien fait une analyse proportionnelle du revenu, dans laquelle la proportion du revenu pouvant bénéficier d'un régime de PI est la même que la proportion des dépenses éligibles par rapport aux dépenses totales. En d'autres termes, l'approche du lien permet à un régime d'accorder un taux préférentiel au revenu lié à la PI dans la mesure où il a été généré par des dépenses éligibles. Sa finalité est de réserver les avantages au revenu émanant de la PI uniquement aux activités de R&D effectuées par le contribuable lui-même. L'objectif est atteint en définissant les « dépenses éligibles » de façon à empêcher un simple apport de capitaux ou des dépenses au titre d'activités substantielles de R&D par des parties autres que le contribuable, de rendre le revenu subséquent éligible à des avantages en vertu d'un régime de PI.

30. Si une société ne possédait qu'un seul actif de PI et avait elle-même engagé toutes les dépenses de développement de cet actif, l'approche du lien permettrait simplement à tout le revenu tiré de cet actif de PI d'avoir droit aux avantages. Toutefois, lorsque le modèle d'activité d'une société devient plus compliqué, il en va forcément de même de l'approche du lien, car cette approche doit déterminer le lien entre de nombreux éléments de revenu et de dépenses dont certaines seulement peuvent être éligibles. Pour résoudre cette difficulté, l'approche du lien divise le revenu en fonction d'un ratio des dépenses. Elle détermine le revenu qui peut bénéficier des avantages fiscaux en fonction du calcul suivant :

$$\frac{\textbf{Dépenses éligibles engagées pour développer l'actif de PI fiscaux}}{\textbf{Dépenses totales engagées}} \times \textbf{Revenu total provenant de l'actif de PI} = \textbf{Revenu bénéficiant des avantages}$$

31. Dans ce calcul, le ratio (« ratio de lien ») comprend uniquement les dépenses éligibles et totales engagées par l'entité. Il ne prend donc pas en compte l'ensemble des dépenses engagées pour le développement de l'actif de PI. Comme il sera expliqué lors des discussions suivantes relatives aux dépenses éligibles et aux dépenses totales, un contribuable éligible n'ayant pas acquis l'actif de PI ou externalisé le développement de cet actif de PI à une partie liée obtiendrait alors un ratio de 100 % qui s'appliquerait à la totalité du revenu de l'entité provenant de l'actif de PI. Ceci démontre que l'approche du lien n'a pas été conçue pour désavantager des arrangements dans lesquels différentes entités sont engagées dans des activités contribuant au développement d'actifs de PI[3].

32. Lorsque le montant de revenu bénéficiant d'un avantage en vertu d'un régime de PI ne dépasse par le montant déterminé par l'approche du lien, le régime satisfait à l'exigence d'activités substantielles. Le reste de cette section donne plus d'indications sur l'approche du lien et le calcul présenté ci-dessus.

A. Contribuables éligibles

33. Les contribuables éligibles comprendraient les entreprises résidentes, les établissements stables (ES) nationaux d'entreprises étrangères et les ES étrangers d'entreprises résidentes soumis à l'impôt dans le pays ou territoire accordant des avantages. Les dépenses effectuées par un ES ne peuvent faire du revenu gagné par le siège social un revenu éligible si l'ES n'est pas en activité au moment où ce revenu est gagné[4].

B. Actifs de PI

34. Dans le cadre de la méthode de l'approche du lien envisagée, les seuls actifs de PI qui pourraient être éligibles pour des avantages fiscaux dans un régime de PI sont les brevets et les autres actifs de PI fonctionnellement équivalents aux brevets si ces actifs sont à la fois juridiquement protégés[5] et soumis à des procédures similaires d'autorisation et d'enregistrement quand de telles procédures sont pertinentes. Les actifs de PI qui sont fonctionnellement équivalents à des brevets sont *(i)* les brevets au sens large, *(ii)* les logiciels protégés par des droits d'auteur, et *(iii)* dans certaines circonstances énoncées ci-dessous, d'autres actifs de PI qui sont non-évidents, utiles et nouveaux.

35. En ce qui concerne la première catégorie d'actifs fonctionnellement équivalents, sont éligibles dans le cadre de l'approche du lien non seulement les brevets au sens étroit du terme, mais aussi les modèles d'utilité, les actifs de PI qui protègent les plantes et le matériel génétique, la désignation de médicaments orphelins et les extensions de protection par brevet. Les modèles d'utilité, sans égard à leur désignation en droit national(exemples : « petits brevets », « brevets d'invention », « brevets à court terme ») protègent généralement les adaptations, ont une procédure de brevet moins rigoureuse et fournissent une protection pour une période plus courte. Les actifs de PI qui apportent une protection aux plantes et au matériel génétique comprennent les certificats d'obtention végétale, qui donnent le contrôle exclusif sur de nouvelles variétés de plantes. Les désignations de médicament orphelin sont octroyées par les agences gouvernementales à certains produits pharmaceutiques développés pour soigner des maladies rares ou des maladies peu susceptibles de générer des profits importants, et donnent un droit exclusif sur les innovations. Les extensions de protection par brevet tels que les certificats complémentaires de protection étendent le droit exclusif de certains brevets protégeant des produits pharmaceutiques et des plantes, et reconnaissent que le temps nécessaire à la recherche et au développement de ces actifs de PI est généralement plus long que pour d'autres actifs de PI et justifie en conséquence que la durée de protection de ces actifs soit étendue au-delà de la durée du brevet. Les actifs de PI appartenant à la première catégorie couvrent donc les brevets au sens large, dont l'extension de protection par brevet.

36. Le logiciel protégé par le droit d'auteur[6] partage les caractéristiques fondamentales des brevets puisqu'il est nouveau, non-évident et utile. Il est issu du type d'innovation et de R&D que les régimes de PI sont généralement destinés à encourager, et il est peu probable que les contribuables du secteur des logiciels externalisent le développement de leur principal logiciel à des parties non liées. Les logiciels protégés par le droit d'auteur appartiennent donc à la deuxième catégorie d'actifs de PI fonctionnellement équivalents, alors que d'autres actifs protégés par droit d'auteur n'entrent pas dans la définition de ce type d'actifs parce qu'ils n'émanent pas du même type d'activités de R&D que les logiciels.

37. Les actifs de PI éligibles peuvent aussi comprendre les actifs de PI qui n'entrent dans aucune des deux premières catégories mais possèdent les caractéristiques d'un brevet (à savoir qu'ils sont non-évidents, utiles et nouveaux), partagent de grandes similarités avec les actifs de PI des deux premières catégories et sont certifiés comme tels par un

processus transparent de certification réalisé par un organisme gouvernemental compétent indépendant de l'administration fiscale. Ce processus de certification doit aussi être parfaitement transparent quant aux types d'actifs couverts. Les seuls contribuables susceptibles d'être éligibles à ces avantages sont ceux dont le chiffre d'affaires mondial du groupe n'excède pas 50 millions d'euros et dont les revenus bruts issus de la totalité des actifs de PI ne dépassent pas 7,5 millions d'euros par an (ou un équivalent proche en monnaie locale), sur la base d'une moyenne sur cinq ans[7]. Les juridictions qui offrent des avantages aux revenus de la troisième catégorie d'actifs de PI devront en informer le FHTP et fournir des informations sur le cadre législatif et administratif en vigueur. Elles devront indiquer au FHTP le nombre de chaque type d'actifs de PI compris dans la troisième catégorie, le nombre de contribuables bénéficiant de la troisième catégorie et le montant total du revenu de PI issu de cette catégorie d'actifs de PI éligible au régime de PI. Les juridictions devront également échanger spontanément des renseignements sur les contribuables bénéficiant de la troisième catégorie d'actifs de PI en utilisant le cadre présenté au chapitre 5[8]. Le FHTP procèdera à un examen de la troisième catégorie d'actifs de PI au plus tard en 2020.

38. L'approche du lien s'attache à établir un lien entre les dépenses, ces actifs de PI et le revenu. Avec elle, les actifs de PI à caractère commercial, tels que les marques de fabrique, ne peuvent jamais prétendre à des avantages fiscaux dans un régime de PI[9].

C. Dépenses éligibles

39. Les dépenses éligibles doivent avoir été effectuées par un contribuable éligible et avoir un lien direct avec l'actif de PI. Les juridictions donneront leurs propres définitions des dépenses éligibles et ces définitions devront les limiter aux dépenses relatives aux activités réelles de R&D. Il s'agira des catégories de dépenses éligibles à des crédits d'impôt au titre de la R&D en vertu des législations fiscales de multiples juridictions[10]. Elles n'incluraient pas les paiements d'intérêts, les coûts de construction et d'acquisition ou tous les coûts qui ne pourraient être directement liés à un actif de PI spécifique[11]. Toutefois, lorsque les dépenses engagées dans le cadre de la R&D générale ou spéculative ne peuvent être incluses dans les dépenses éligibles d'un actif de PI spécifique auquel elles sont directement liées, elles pourraient être réparties au pro rata entre les actifs ou les produits de PI. Les dépenses éligibles seront incluses dans le calcul du lien au moment où elles sont encourues, quel que soit leur traitement comptable ou fiscal. En d'autres termes, les dépenses qui ne sont pas entièrement déductibles dans l'année où elles ont été engagées parce qu'elles sont capitalisées seront toutefois incluses dans le ratio de lien à partir de l'année où elles ont été encourues. Cette règle de la période de constatation de la dépense s'applique uniquement pour les besoins du ratio de lien et ne vise pas à modifier les règles relatives aux périodes de comptabilisation prévues par les réglementations fiscales locales des juridictions.

40. Lors du calcul des dépenses éligibles, les juridictions peuvent autoriser les contribuables à appliquer une « majoration » de 30% des dépenses comprises dans les dépenses éligibles. Cette majoration peut augmenter les dépenses éligibles, mais uniquement dans la mesure où le contribuable a enregistré des dépenses non éligibles. En d'autres termes, le montant majoré des dépenses éligibles ne peut pas excéder celui des dépenses totales engagées par le contribuable. Ceci est illustré dans l'exemple ci-dessous :

- Exemple A : Le contribuable a lui-même engagé des dépenses éligibles de 100, a supporté des coûts d'acquisition de 10 et a engagé des dépenses de R&D de 40 pour une partie liée. Le montant initial de dépenses éligibles est donc de 100 et le maximum de majoration de 30 (100x30 %). Le contribuable ne peut augmenter ses dépenses éligibles à 130 que si ses dépenses totales sont supérieures ou égales à 130. Dans cet exemple, les dépenses totales étant de 150, la majoration peut porter les dépenses éligibles à 130. Le revenu de PI sera donc multiplié par le ratio 130/150 (soit 86,7 %).

- Exemple B : Le contribuable a lui-même engagé des dépenses éligibles de 100, a supporté des coûts d'acquisition de 5 et a engagé des dépenses de R&D de 20 pour une partie liée. Dans cet exemple, le maximum de majoration porterait également les dépenses éligibles à 130 mais les dépenses totales du contribuable se montant à 125, les dépenses éligibles majorées ne peuvent dépasser 125 et le revenu de PI sera multiplié par un ratio de 125/125 (soit 100 %).

41. L'objectif de la majoration est d'assurer que l'approche du lien ne pénalise pas à l'excès les contribuables qui engagent des coûts d'acquisition de PI ou des dépenses d'externalisation des activités de R&D à des parties liées. La majoration permet de garantir que les contribuables ne bénéficient des avantages qu'à la condition qu'ils aient eux-mêmes effectué les activités de R&D, mais elle reconnaît que les contribuables qui ont acquis la PI ou externalisé partiellement la R&D à une partie liée peuvent toutefois avoir contribué largement à la création de valeur dont est issu le revenu de PI.

D. Dépenses totales

42. Les dépenses totales doivent être définies de manière à ce que, si le contribuable éligible a supporté lui-même toutes les dépenses concernées, le ratio permette à la totalité (100 %) du revenu de l'actif de PI de bénéficier du régime préférentiel. Les dépenses totales doivent donc être la somme de toutes les dépenses qui seraient considérées comme éligibles si elles étaient effectuées par le contribuable lui-même. Il en découle que toute dépense qui ne figure pas dans les dépenses éligibles, même si elle est effectuée par le contribuable lui-même (par exemple les paiements d'intérêts, les coûts de construction, et les autres coûts qui ne représentent pas de véritables activités de R&D), ne peut être incluse dans les dépenses totales et n'influe donc pas sur le montant de revenu susceptible de bénéficier d'un régime de PI. Les coûts d'acquisition de PI font exception, car ils figurent dans les dépenses totales et non dans les dépenses éligibles. Toutefois, leur exclusion est conforme au principe régissant l'inclusion dans les dépenses totales parce qu'elles sont un indicateur approximatif des dépenses supportées par un contribuable non éligible. Ainsi, les dépenses totales comprennent toutes les dépenses éligibles, les coûts d'acquisition et les dépenses d'externalisation qui ne comptent pas comme dépenses éligibles.

43. L'approche du lien n'inclut donc pas toutes les dépenses engagées pour le développement d'un actif de PI dans les dépenses totales. Elle ajoute seulement deux choses aux dépenses éligibles : les dépenses d'externalisation à des parties liées et les coûts d'acquisition[12]. Le ratio de lien peut alors s'écrire :

$$\frac{a+b}{a+b+c+d}$$

44. Dans cette version du ratio de lien, *a* représente les dépenses de R&D engagées par le contribuable lui-même, *b* représente les dépenses d'externalisation entre parties non liées, *c* représente les coûts d'acquisition et *d* représente les dépenses d'externalisation à des parties liées. Le ratio ne peut donc être ramené en dessous de 100 % que si le contribuable externalise la R&D à des parties liées ou acquiert la R&D. Les dépenses pour les projets de R&D infructueux ne seront normalement pas incluses dans le ratio de lien, ce qui est

cohérent puisque les régimes de PI octroient des avantages au revenu et que par définition, les projets de R&D infructueux ne génèrent pas de revenu. Toutefois, si les dépenses de R&D ont été engagées par le contribuable ou externalisées à des parties liées au titre d'un projet de R&D plus important dont a émané un actif de PI générateur de revenu, alors un régime de PI peut inclure toutes ces dépenses dans les dépenses éligibles sans se limiter à celles qui, rétrospectivement, ont directement contribué au revenu de PI. Ces dépenses pourraient être considérées comme équivalentes à celles de R&D à caractère général ou spéculatif et être soit réparties au pro rata entre les actifs de PI, soit incluses dans les dépenses éligibles si un lien direct entre l'actif de PI et ces dépenses peut être établi. Comme les dépenses éligibles, les dépenses totales seront incluses dans le calcul du lien au moment où elles sont encourues, quel que soit leur traitement comptable ou fiscal. Cette règle de la période de constatation de la dépense s'applique uniquement pour les besoins du ratio de lien et ne vise pas à modifier les règles relatives aux périodes de comptabilisation prévues par les réglementations fiscales locales des juridictions, dans la mesure où celles-ci s'appliquent à d'autres fins, y compris le calcul du revenu global généré par l'actif de PI [13].

45. Les dépenses totales sont souvent engagées avant la production du revenu qui pourrait être éligible aux avantages du régime de PI. L'approche du lien procède par addition ; pour effectuer le calcul, il faut que les « dépenses éligibles » comprennent à la fois toutes les dépenses éligibles effectuées par le contribuable pendant la durée de l'actif de PI et que les « dépenses totales » comprennent toutes celles effectuées pendant la durée de vie de l'actif de PI. Ces chiffres augmentent donc chaque fois qu'un contribuable effectue une dépense qui est éligible à l'une ou l'autre catégorie. La proportion des chiffres cumulés détermine ensuite le pourcentage devant être appliqué au revenu total gagné chaque année.

E. Revenu global

46. Les juridictions définiront le « revenu global » conformément à leur législation interne définissant le revenu après l'application des règles de prix de transfert. La définition qu'elles choisiront devra respecter les principes suivants :

Le revenu bénéficiant du régime doit être proportionné :

47. Le revenu global doit être défini de manière à ce que le revenu bénéficiant du régime ne soit pas disproportionnellement élevé au regard du pourcentage de dépenses éligibles effectuées par les contribuables éligibles. Il ne doit donc pas être défini comme le revenu brut de l'actif de PI, puisque cette définition pourrait permettre à 100% du revenu net des contribuables éligibles de bénéficier d'avantages même s'ils n'avaient pas effectué 100% des dépenses éligibles. Par conséquent, le revenu global doit être calculé en soustrayant du revenu brut de PI gagné pendant l'année les dépenses de PI imputables au revenu de la PI sur la même période [14].

Le revenu global devra se limiter au revenu de la PI :

48. Le revenu global ne devra inclure que le revenu tiré de l'actif de PI. Il peut s'agir de redevances, de plus-values et d'autres revenus provenant de la vente d'un actif de PI, ainsi que du revenu de PI incorporé provenant de la vente de produits et de l'utilisation de procédés ayant un rapport direct avec l'actif de PI. Les juridictions qui choisissent d'octroyer des avantages au revenu de la PI incorporé doivent mettre en place une méthode homogène et cohérente pour séparer les revenus non liés à la PI (par exemple les revenus de la commercialisation et de la fabrication) de ceux générés par la PI. Une méthode pour y parvenir pourrait être basée sur les principes de prix de transfert [15].

F. Externalisation

49. L'approche du lien est la suivante : pour qu'une proportion significative du revenu de PI ait droit aux avantages, une proportion significative des activités réelles de R&D doit avoir été effectuée par le contribuable éligible lui-même. L'approche du lien autoriserait l'éligibilité de toutes les dépenses éligibles au titre d'activités effectuées par des parties non liées (qu'elles se trouvent ou non dans la juridiction) alors que toutes les dépenses effectuées au titre d'activités effectuées par des parties liées (qu'elles se trouvent ou non dans le pays ou territoire) ne seraient pas comptées dans les dépenses éligibles [16].

50. En tant que pratique du monde des affaires, l'externalisation illimitée à des parties non liées ne devrait pas donner de nombreuses occasions aux contribuables de bénéficier d'avantages, sans s'engager eux-mêmes dans des activités substantielles car, si une entreprise peut externaliser à une partie liée toute la gamme de ses activités de R&D, il n'en va généralement pas de même pour une partie non liée. Sachant que l'essentiel de la valeur d'un actif de PI réside à la fois dans la R&D entreprise pour le créer et dans les informations nécessaires à la réalisation de cette R&D, une entreprise est peu susceptible d'externaliser à une partie non liée les activités fondamentales de création de valeur, quelle que soit la localisation de cette partie non liée [17]. Ainsi, en ne traitant comme dépenses éligibles que celles effectuées par des parties non liées, on atteint l'objectif de l'approche du lien qui est de réserver les avantages fiscaux au revenu découlant d'activités substantielles de R&D dans lesquelles le contribuable lui-même s'est engagé et qui ont contribué au revenu. Les juridictions pourraient circonscrire la définition des parties non liées pour y inclure seulement les universités, les hôpitaux, les centres de R&D et les entités à but non lucratif sans lien avec le contribuable éligible. Quand un paiement est effectué à une partie non liée par l'intermédiaire d'une partie liée sans aucune marge, il sera inclus dans les dépenses éligibles.

51. Les juridictions pourraient aussi permettre une externalisation non liée jusqu'à un certain pourcentage ou à une certaine proportion (tout en continuant à exclure de la définition des dépenses éligibles, l'externalisation à des parties liées). Comme on l'a expliqué ci-dessus, la réalité du monde des affaires fait souvent qu'une entreprise n'externalise pas plus qu'un montant non substantiel des activités de R&D à une partie non liée; dès lors, l'interdiction de l'externalisation à des parties liées et la conjonction de cette même interdiction à un plafonnement de l'externalisation à des parties non liées au-delà d'un montant non substantiel devraient avoir un effet équivalent à la limitation des dépenses éligibles à celles effectuées par le contribuable.

G. Traitement de la PI acquise

52. Le principe de base sous-jacent à l'application de l'approche du lien à la PI acquise est que seules les dépenses d'amélioration de l'actif de PI après son acquisition doivent être traitées comme des dépenses éligibles. À cette fin l'approche du lien exclurait les coûts d'acquisition de la définition des dépenses éligibles, comme on l'a mentionné ci-dessus et ne considérerait comme dépenses éligibles que celles effectuées après l'acquisition. Toutefois, les coûts d'acquisition seraient inclus dans les dépenses totales. Les coûts d'acquisition incluraient, entre autres dépenses, ceux engagés pour acquérir les droits de recherche [18]. Ces coûts (ou dans le cas de licences, les redevances ou droits de licence) sont considérés comme un indicateur approximatif des dépenses totales effectuées avant l'acquisition. Par conséquent, aucune dépense effectuée par une partie quelconque avant l'acquisition ne figurera dans les dépenses éligibles ou dans les dépenses totales [19]. En ce qui concerne les acquisitions liées, les coûts d'acquisition doivent être calculés sur la base

du prix de pleine concurrence. Sachant que les contribuables peuvent être incités à sous évaluer les transferts entre les parties liées dans les régimes de PI, pour toute acquisition entre parties liées, les contribuables devront préparer la documentation justifiant le prix de pleine concurrence, y compris celle concernant les dépenses totales transférées ou engagées par la partie liée. Les acquisitions comprennent les transferts de droits qu'un paiement soit effectué ou non.

H. Suivi du revenu et des dépenses

53. L'approche du lien dépendant de l'existence d'un lien entre dépenses et revenu, elle oblige les juridictions qui souhaitent instituer un régime de PI à demander aux contribuables désireux de bénéficier d'un régime de PI d'assurer le suivi des dépenses, des actifs de PI et du revenu pour s'assurer que le revenu bénéficiant des avantages provienne bien des dépenses y donnant droit. Si un contribuable dispose seulement d'un actif de PI qu'il a intégralement développé lui-même et qui lui procure tout son revenu, le suivi devrait être assez simple puisque toutes les dépenses éligibles effectuées par cette entreprise détermineront les avantages à accorder à la totalité du revenu de PI gagné par cette entreprise. En revanche, une fois que cette entreprise dispose de plus d'un actif ou s'engage dans un degré quelconque d'externalisation ou d'acquisition, le suivi devient indispensable. Il doit aussi permettre de vérifier que les contribuables n'ont pas manipulé le montant des dépenses totales pour gonfler celui du revenu pouvant bénéficier du régime. Cela signifie que les contribuables devront être en mesure de suivre le lien entre dépenses et revenu et d'en fournir des preuves à leurs administrations fiscales. Le fait de ne pas procéder au suivi n'empêchera pas les contribuables de percevoir un revenu de PI dans un pays ou territoire, mais les privera du bénéfice d'un régime de PI préférentiel.

54. La principale difficulté de suivi réside dans l'application d'un taux préférentiel à certains revenus de PI, ce qui dépend du régime plutôt que de l'approche du lien. Or, il ressort des régimes de PI existants que les contribuables acceptent de se conformer à des obligations souvent complexes quand elles conditionnent l'octroi d'un avantage fiscal optionnel. La normalisation par l'approche du lien des obligations prévues par les régimes de PI dans toutes les juridictions pourrait à long terme réduire la complexité globale à laquelle sont confrontés actuellement les contribuables qui bénéficient de multiples régimes de PI.

55. Le principe fondamental sous-jacent à l'approche du lien est que le revenu ne peut bénéficier d'un régime de PI que si le contribuable lui-même a supporté les dépenses de R&D engagées pour la création de cette PI. Si le contribuable a acquis la PI ou a externalisé la R&D à une partie liée, le revenu émanant de la PI acquise ou de la R&D externalisée ne doit pas bénéficier d'un régime de PI. L'approche du lien se basant sur l'existence d'un lien entre les dépenses, les actifs de PI et le revenu de PI, les contribuables doivent en conséquence procéder à un suivi par actif de PI. Toutefois, lorsque ce suivi n'est pas réalisable et fait appel à des jugements arbitraires, les juridictions peuvent alors choisir de permettre l'application de cette approche avec un lien entre les dépenses, les produits émanant d'actifs de PI et le revenu. Cette approche obligerait les contribuables à inclure dans les « dépenses éligibles » toutes les dépenses éligibles au titre du développement de tous les actifs de PI qui ont contribué au produit et à inclure dans les « dépenses totales » les dépenses totales au titre du développement de tous les actifs de PI qui ont contribué au produit. Ce ratio agrégé serait ensuite appliqué au revenu total du produit qui était directement lié à tous les actifs de PI sous-jacents. Cette méthode serait compatible avec l'approche du lien dans les cas où de multiples actifs de PI sont incorporés dans un produit, mais les juridictions devront veiller à ce que cette approche basée sur le produit comporte

l'exigence d'un suivi précis de toutes les dépenses éligibles et totales au titre du produit et que les avantages expirent dans des délais qui soient justes et raisonnables (par exemple la durée de vie moyenne de tous les actifs de PI)

56. Cette méthode basée sur les produits corrobore le fait que les activités de R&D peuvent souvent ne pas être structurées par actif de PI et que le repérage et le suivi par produits est compatible avec l'approche du lien. Cela s'explique par le fait que les programmes et projets de R&D s'attachent généralement à répondre à des questions de recherche ou à résoudre des problèmes techniques et que ce n'est qu'à un stade ultérieur que la question de la protection légale des résultats de ces projets est discutée. Les résultats de ces projets contribueront souvent à de multiples actifs de PI. Si c'est le cas, imposer l'allocation des dépenses de R&D entre ou parmi différents actifs de PI exigera des contribuables qu'ils répartissent les projets de recherche selon des critères qui n'existaient pas à l'époque où les projets ont été entrepris.

57. Lorsqu'elles utilisent la méthode basée sur les produits, les juridictions devraient fournir une définition fondée sur l'objet des produits que le contribuable doit repérer et suivre qui ne soit pas si large qu'elle englobe tous les revenus ou dépenses de PI d'un contribuable ayant entrepris une activité complexe basée sur la PI et impliquant de multiples produits et projets de R&D, ou tellement étroite qu'elle exige des contribuables un repérage et un suivi dans une catégorie totalement étrangère à l'innovation ou aux pratiques du monde des affaires. Pour une société qui fabrique de multiples pièces entrant dans la fabrication d'un type de produit destiné à la vente, par exemple un camion, une définition du produit permettant d'effectuer un repérage et un suivi pour ce camion et grâce à laquelle le contribuable peut allouer toutes ses dépenses de R&D et ses revenus de PI à ce produit final serait trop large car la R&D et les actifs de PI sous-jacents à la création de valeur ne se chevaucheraient pas suffisamment. En revanche, pour une entreprise qui fabrique par exemple des charnières utilisées dans une multitude d'industries, une définition du produit exigeant du contribuable un repérage et un suivi pour un type spécifique de charnière fabriqué pour un modèle de camion particulier serait trop étroite et le contraindrait à descendre à un niveau de détail n'ayant pas de rapport avec l'innovation elle-même. Dans la première situation (le camion entier), il serait préférable pour le contribuable de repérer et faire un suivi au niveau des pièces. Dans la deuxième situation (les charnières), un suivi au niveau des groupes de charnières qui partagent la même PI serait préférable à un suivi au niveau des produits dans lesquels elles sont utilisées. On en conclut également qu'un suivi par produit individuel ne serait pas approprié si ces produits comportaient des variantes mineures mais contenaient la même PI (par exemple les médicaments produits en couleurs, dosages ou tailles différents). La définition des produits peut alors inclure les familles de produits telles que les pièces pour les fabricants d'imprimantes ou d'ordinateurs, les composants actifs pour l'industrie chimique et les domaines thérapeutiques ou des catégories plus restreintes de maladie pour l'industrie pharmaceutique[20]. Lors de l'application de la méthode basée sur les produits, les juridictions devront empêcher les contribuables d'effectuer un suivi par un groupement tellement large qu'il inclurait toutes les dépenses et revenus d'une entité. Ils pourront cependant suivre par produits (y compris par familles de produits) si ces groupements comprennent tous les actifs de PI dont les dépenses se chevauchent et ceux ayant contribué à des sources de revenu communes.

58. Un contribuable qui utilise la méthode basée sur les produits doit fournir la documentation justifiant son engagement dans une activité liée à la PI tellement complexe que le suivi individuel des actifs de PI ne serait pas réaliste et se baserait sur des jugements arbitraires. Pour éviter la manipulation, un contribuable qui procède au repérage et au suivi par produit (y compris les familles de produits) doit pouvoir justifier aux autorités fiscales le caractère approprié de cette méthode par référence à des informations objectives

et vérifiables, par exemple la similitude des défis scientifiques, technologiques ou d'ingénierie sous-jacents aux dépenses et revenus de la R&D, démontrer sa compatibilité avec l'organisation des activités de R&D au sein du groupe et l'appliquer constamment.

59. Des exemples de repérage et de suivi par actifs de PI ou par produits émanant de ces actifs de PI sont présentés ci-dessous. Tous les exemples partent de l'hypothèse que les contribuables sont résidents dans des juridictions disposant de régimes de PI compatibles avec l'approche du lien.

- Exemple A – La société A fabrique des couvercles en plastique pour des tasses de voyage. La société A possède deux brevets, dont l'un s'applique aux couvercles des tasses à café et l'autre aux couvercles des tasses à thé. La R&D dont émanent les deux brevets a été effectuée par différentes équipes de salariés de la société A. La société A est donc un exemple de contribuable devant procéder au repérage et au suivi par actif de PI. Si elle ne l'a pas déjà fait, elle doit concevoir un système de suivi des revenus générés par les tasses à café et les tasses à thé séparément.
- Exemple B – La société B fabrique des centaines de types d'imprimantes, qui sont répartis et gérés selon trois familles de produits : combinaisons imprimante/photocopieuse de bureau, petites imprimantes individuelles à usage domestique et imprimantes photo à usage professionnel. Chaque famille de produits contient plusieurs types de produits. La société B est engagée dans des activités de R&D pour développer les imprimantes et la R&D contribue à 250 brevets. 100 brevets concernent les trois familles de produits, 50 ne concernent que les combinaisons imprimante/photocopieuse les plus puissantes, 50 concernent exclusivement les petites imprimantes domestiques et 50 ne concernent que les imprimantes photo. Les salariés de la société B enregistrent le temps de recherche passé par famille de produits et par type de R&D, à savoir spéculative ou générale. La société B est donc un exemple de contribuable devant procéder au repérage et au suivi par famille de produits. Si elle ne l'a pas déjà fait, elle doit concevoir un système de suivi des revenus des trois familles de produits séparément. Les dépenses engagées pour développer les 100 brevets généraux seraient réparties entre les familles de produits et les dépenses ne concernant qu'une famille de produit spécifique seraient imputés à cette famille de produit uniquement. Un repérage et un suivi soit par actif de PI soit par type de produits ne seraient pas appropriés car la R&D menée par la société B concerne plusieurs familles de produits et un suivi par produit individuel pourrait alors résulter en l'imputation excessive de dépenses à un type d'imprimante ou au contraire sous-évaluer les dépenses imputées à une imprimante spécifique.
- Exemple C – La société C est une société pharmaceutique qui détient des milliers de brevets et produit des centaines de produits pharmaceutiques. Chaque brevet contribue à de multiples produits, et chaque produit utilise de multiples brevets. La société C gère et suit son activité de R&D, y compris le temps passé par ses salariés, par maladie pour les quatre maladies que ses produits traitent. Généralement, la R&D réalisée pour les différentes maladies ne se chevauche pas et les maladies sont suffisamment dissimilaires pour que leur traitement n'implique pas les mêmes produits. Les dépenses de la société C ne peuvent pas être suivies par produit individuel (puisque les dépenses de R&D devraient être réparties sur de multiples produits sur une base qui ne pourrait être qu'arbitraire). Les revenus de la société C ne peuvent pas être suivis par brevet individuellement (car les revenus provenant d'un produit devraient être répartis sur de multiples brevets selon une allocation arbitraire). La société C doit donc effectuer un repérage et un suivi par maladie que

ses produits sont destinés à soigner. Si elle ne l'a pas déjà fait, elle doit concevoir un système de suivi des revenus de la PI pour les produits qui traitent les quatre maladies séparément.

60. L'approche du lien prévoit l'application d'un ratio cumulé des dépenses éligibles et des dépenses totales, mais les juridictions peuvent, à titre de mesure transitoire, autoriser les contribuables à appliquer un ratio dans lequel les dépenses éligibles et totales sont calculées sur la base d'une moyenne mobile sur trois ou cinq ans. Les contribuables devront faire la transition entre l'utilisation de la moyenne de trois ans ou cinq ans et celle du ratio cumulé. L'Annexe A présente un exemple des modalités d'une telle transition. Les juridictions qui choisissent de mettre en place une mesure transitoire doivent prévoir d'inclure des mesures anti-évasion pour éviter que les contribuables ne manipulent cette mesure transitoire. Ces mesures doivent veiller à ce que *(i)* les contribuables qui bénéficiaient d'une clause de sauvegarde au titre d'anciens régimes ne puissent pas utiliser une mesure transitoire dans un nouveau régime et *(ii)* les coûts d'acquisition et les dépenses d'externalisation payés à des parties liées soient inclus dans le ratio transitoire et dans le ratio cumulé.

61. L'approche du lien oblige les juridictions à inclure plusieurs obligations relatives aux documents à fournir. Elles peuvent donner leurs propres indications sur cette documentation, mais doivent au moins exiger de tout contribuable bénéficiant du régime de PI les types de documents suivants :

- Si le contribuable ne suit pas directement l'actif de PI mais effectue un suivi par produits, il doit fournir des documents prouvant la complexité de son modèle d'activité liée à la PI et justifiant l'utilisation de la méthode basée sur les produits.
- Il doit prouver qu'il détient un actif de PI éligible (soit sur la base du suivi des revenus et des dépenses imputés à cet actif, soit en montrant que le produit a été créé en utilisant cet actif de PI).
- Lors du calcul des revenus de la PI, les contribuables doivent en réduire le montant par les déductions ou autres réductions d'impôt provenant de ce même actif de PI (ou produit). Ils doivent alors fournir les documents relatifs à toutes les déductions et autres réductions d'impôt concernées et expliquer, s'il y a lieu, pourquoi de tels avantages n'ont pas été utilisés pour diminuer le montant des revenus de la PI bénéficiant d'un régime de PI.
- Les contribuables ayant engagé des dépenses de R&D à caractère général ou spéculatif doivent établir un lien entre ces dépenses et l'actif de PI ou le produit, ou expliquer la méthode de répartition proportionnelle de ces dépenses entre les actifs de PI ou les produits.
- Ils doivent prouver que les dépenses éligibles et des dépenses totales ont été suivies pour le même actif de PI ou produit que les revenus. Ils doivent d'autre part documenter ce suivi pour démontrer l'existence d'un lien entre les dépenses et les revenus.
- Si le contribuable a acquis l'actif de PI d'une partie liée, il doit préparer les documents justifiant le prix de pleine concurrence. Ces documents devront inclure les justificatifs de dépenses totales que la partie liée cédante a encourues.

I. Clauses de sauvegarde et protections

62. Dans le cadre de ses travaux concernant les pratiques fiscales dommageables, le FHTP a convenu, dans le rapport d'étape de 2014, de donner de nouvelles indications sur les clauses de sauvegarde en s'inspirant en particulier du paragraphe 12 du Rapport de 2004 (OCDE, 2004a) où il est dit « le Comité a décidé que, lorsqu'un régime était en cours de suppression, il devait être indiqué comme supprimé [...] si *(1)* aucun nouvel adhérent au régime n'est accepté, si *(2)* une date précise a été annoncée pour la suppression totale du régime et si *(3)* le régime est transparent et prévoit des échanges effectifs de renseignements ». Les juridictions ont convenu de s'abstenir d'adopter de nouvelles mesures qui ne seraient pas compatibles avec l'approche du lien ou d'élargir le champ ou de renforcer des mesures existantes incompatibles avec cette approche.

63. Aucun nouvel adhérent à tout régime de PI existant qui n'est pas cohérent avec l'approche du lien ne sera accepté après le 30 juin 2016. Si un nouveau régime compatible avec l'approche du lien entre en vigueur avant le 30 juin 2016, aucun nouvel adhérent ne sera accepté dans le régime de PI existant après l'entrée en vigueur de ce nouveau regime PI. Le FHTP a admis que les pays auront besoin de temps pour mener à bien un tel processus législatif, mais il a décidé que tout processus législatif nécessaire pour que deviennent conformes les régimes avec l'approche du lien devra débuter en 2015.

64. Dans le cadre des clauses de sauvegarde, les « nouveaux adhérents » englobent les nouveaux contribuables qui ne bénéficiaient pas du régime précédent, et les nouveaux actifs de PI possédés par des contribuables déjà couverts par le régime. Il est entendu que seuls les contribuables qui observent pleinement les obligations essentielles du régime et ceux qui ont été officiellement approuvés par l'administration fiscale, s'il y a lieu, peuvent bénéficier de régimes avec clause de sauvegarde. Par conséquent, les contribuables qui ont seulement demandé à rejoindre le régime sont exclus. Ceux qui ont été approuvés par l'administration fiscale mais dont les actifs de PI n'ont pas encore reçu l'autorisation officielle, peuvent toutefois bénéficier d'une clause de sauvegarde s'ils ont déposé une demande de protection de PI dans la juridiction du régime de PI mais que cette demande n'a pas été acceptée officiellement du fait des délais du processus d'autorisation de la juridiction.

65. Les juridictions sont également autorisées à introduire des clauses de sauvegarde en vertu desquelles tous les contribuables couverts par un régime peuvent conserver leurs prérogatives jusqu'à une deuxième date spécifique (« date de suppression »), sans que la période entre ces deux dates ne puisse excéder 5 ans (la date de suppression ne doit pas être postérieure au 30 juin 2021). Passée cette date, les contribuables ne pourront plus bénéficier des avantages accordés par les anciens régimes.

66. Afin d'atténuer les risques que de nouveaux adhérents ne se prévalent des régimes existants aux fins de bénéficier des clauses de sauvegarde, les juridictions devront mettre en place les mesures de protection suivantes :

- Améliorer de la transparence pour les nouveaux adhérents rejoignant le régime après le 6 février 2015 en exigeant l'échange spontané de renseignements sur l'identité des nouveaux adhérents bénéficiant d'un régime de sauvegarde, qu'il y ait ou non décision de l'administration fiscale, au plus tard la première des dates suivantes : *(i)* trois mois après la date à laquelle les renseignements sont communiqués à l'autorité compétente de la juridiction accordant les avantages en vertu du régime de PI (les juridictions doivent mettre en place des systèmes adéquats qui garantissent que ces renseignements sont transmis sans délai à l'autorité compétente), ou *(ii)* un an après le dépôt de la déclaration d'impôt auprès des autorités de la juridiction accordant les avantages en vertu du régime de PI.

- Des mesures qui permettraient aux actifs de PI de bénéficier de régimes de sauvegarde non compatibles avec l'approche du lien après le 31 décembre 2016, à moins qu'ils soient acquis directement ou indirectement de parties liées après le 1er janvier 2016 et qu'ils ne soient pas éligibles aux avantages au moment de leur acquisition en vertu d'un régime de PI « à la sortie » existant. Ces mesures empêcheront les contribuables qui ne bénéficient pas d'un régime de sauvegarde d'utiliser les acquisitions auprès de parties liées pour transférer des actifs de PI dans des régimes existants afin de profiter des clauses de sauvegarde. Elle permettent par ailleurs au contribuable qui acquiert des actifs de PI auprès de parties liées de bénéficier des clauses de sauvegarde si cette acquisition intervient dans le cadre d'une restructuration de ses activités au niveau national ou international visant à transférer les actifs de PI dans des régimes en cours de modification afin de se conformer à l'approche du lien.

J. Présomption réfragable

67. Certaines juridictions pourraient considérer le ratio de lien comme une présomption réfragable[21]. En l'absence de la fourniture d'autres renseignements par un contribuable, une juridiction déterminerait le revenu bénéficiant d'avantages fiscaux au moyen du ratio de lien. Les contribuables pourraient cependant prouver que des revenus supplémentaires devraient pouvoir bénéficier du régime de PI dans les circonstances exceptionnelles où, ayant entrepris des activités substantielles éligibles de R&D pour développer un actif de PI ou un produit éligibles, ils peuvent établir que l'application du ratio de lien résulte en un niveau de revenu éligible à un régime préférentiel de PI en rapport avec le niveau de leur activité de R&D. Ces circonstances exceptionnelles peuvent inclure par exemple l'amortissement total ou partiel de l'actif de PI acquis dans les états financiers du contribuable ou d'autres cas de nature exceptionnelle où le contribuable peut démontrer qu'il a effectué des activités créant plus de valeur que ne l'indique le calcul du lien. Si une juridiction choisit de traiter le ratio de lien comme une présomption réfragable, tous les ajustements apportés à ce ratio doivent donner des résultats en rapport avec le niveau d'activité de R&D du contribuable, en conformité avec le principe fondamental de l'approche du lien. La décision de l'application de la présomption réfragable devra être revue annuellement pour déterminer si les circonstances exceptionnelles sont encore présentes. Cette revue peut prendre la forme d'une décision révisée chaque année ou être réalisée par d'autres moyens. En tout état de cause, une administration fiscale doit conserver une documentation contemporaine justifiant que le contribuable remplit les conditions énoncées ci-après au paragraphe 68 et toute autre obligation prévue par la législation interne.

68. Une juridiction qui décide de traiter le ratio de lien comme une présomption réfragable devra limiter les situations dans lesquelles ce ratio peut être réfuté à celles qui remplissent au minimum les conditions suivantes :

- Le contribuable utilise le ratio de lien initialement pour établir le montant présumé de revenu qui pourrait être éligible à des avantages fiscaux.
- Le ratio de lien décrit ci-dessus (à l'exclusion de la majoration) est supérieur ou égal à 25 %.
- Le contribuable démontre que, en raison de circonstances exceptionnelles, l'application du ratio de lien donnera un résultat non conforme au principe de l'approche du lien. Le contribuable décrit les circonstances exceptionnelles en question et les justifie.

69. A ces conditions, la conception de la présomption réfragable sera décidée par les juridictions ayant choisi de la mettre en place, mais cette version de l'approche du lien

comportera des exigences supplémentaires de tenue de dossiers de la part du contribuable, et les juridictions devront instituer des procédures de contrôle et notifier au FHTP les circonstances dans lesquelles elles autoriseraient le traitement du ratio de lien comme une présomption réfragable. Les juridictions devront par ailleurs rendre compte du cadre administratif et juridique autorisant les contribuables à réfuter le ratio de lien, et, annuellement, du nombre total de sociétés bénéficiant du régime de PI, du nombre de cas dans lesquels la présomption réfragable a été utilisée, du nombre de ces cas où la juridiction a spontanément échangé des renseignements, de la valeur agrégée du revenu bénéficiant du régime de PI (en distinguant les revenus bénéficiant du ratio de lien de ceux bénéficiant de la présomption réfragable), et fournir une liste des circonstances exceptionnelles, décrites en termes génériques sans divulguer l'identité des contribuables, qui ont permis à ces derniers de réfuter le ratio de lien dans tous les cas. Cela permettrait au FHTP de contrôler que les juridictions n'autorisent les contribuables à réfuter le ratio de lien qu'en présence de circonstances exceptionnelles. Que les contribuables réfutent le ratio de lien dans le cadre d'une décision ou non, les juridictions devront en outre échanger spontanément, sur la base des instruments d'échange de renseignements, la documentation contemporaine qu'elles ont reçue des contribuables pour remplir les conditions nécessaires à la réfutation du ratio de lien décrites ci-dessus. Si la réfutation intervient dans le contexte d'une décision, les juridictions devront utiliser le cadre présenté au chapitre 5. En dehors du contexte de décisions, ce cadre sera utilisé pour déterminer avec quelles juridictions l'échange spontané de renseignements doit intervenir. Une juridiction peut soit échanger la documentation contemporaine qu'elle a reçue, soit utiliser le modèle figurant à l'Annexe C et inclure les renseignements à échanger dans l'encadré 7[22].

III. Activité substantielle dans le contexte de régimes autres que les régimes de PI

70. L'Action 5 exige l'existence d'une activité substantielle non seulement pour les régimes de PI mais pour tous les régimes préférentiels. Le FHTP a en conséquence envisagé l'application de l'obligation d'une activité substantielle à d'autres régimes préférentiels qu'il a identifiés et examinés depuis le Rapport de 1998. Un examen plus détaillé des modalités d'application de cette obligation à des régimes spécifiques devra être mené pour la catégorie particulière de régimes étudiée. La discussion qui suit établit le principe qui s'appliquera dans le contexte des régimes autres que de PI[23].

71. Les régimes de PI étant conçus pour encourager les activités de R&D et contribuer à la croissance et à l'emploi, le principe sous-jacent à l'obligation d'activité substantielle dans le contexte de régimes de PI est de réserver les avantages du régime aux contribuables qui se livrent effectivement à ces activités et ont engagé des dépenses réelles au titre de ces activités. Le même principe peut s'appliquer à d'autres régimes préférentiels de telle sorte que ces régimes ne sont considérés comme respectant l'obligation d'activité substantielle que s'ils réservent les avantages aux contribuables éligibles[24] à condition que ceux-ci exercent les activités essentielles nécessaires à la génération des types de revenu couverts par le régime préférentiel.

72. Lorsqu'elle s'applique aux régimes de PI, l'obligation d'activité substantielle établit un lien entre les dépenses, les actifs de PI et le revenu de la PI. Les dépenses sont un indicateur approximatif des activités et les actifs de PI sont utilisés pour garantir que le revenu bénéficiant des avantages émane effectivement des dépenses engagées par le contribuable éligible. Cette approche a donc pour effet d'établir un lien entre le revenu et les activités. Lors de son application à d'autres régimes, l'obligation d'activité substantielle doit aussi établir un lien entre le revenu éligible aux avantages et les activités essentielles nécessaires

pour gagner le revenu. Comme l'indique le Rapport de 1998, les activités essentielles visées sont les activités géographiques mobiles telles que les activités financières et autres prestations de services[25]. Pour ces activités, l'établissement d'un lien peut ne pas être nécessaire dans la mesure où les prestations de services peuvent être considérées comme contribuant directement au revenu auquel les avantages sont accordés.

73. La détermination de ce qui constitue les activités essentielles nécessaires pour gagner le revenu dépend du type de régime. L'application des régimes de différents pays pouvant varier considérablement même lorsque les régimes concernent un type de revenu similaire, il faudrait s'attacher à définir plus précisément les activités essentielles lorsqu'un régime spécifique est envisagé. Néanmoins, une brève description des activités pouvant être exigées pour les différents types de régime préférentiel est donnée ci-dessous.

A. Régimes des sièges sociaux

74. Les régimes des sièges sociaux accordent un traitement préférentiel aux contribuables qui fournissent certains services tels que la gestion, la coordination ou le contrôle d'activités industrielles et commerciales pour un groupe ou les membres d'un groupe dans une zone géographique spécifique. Ces régimes peuvent soulever des préoccupations relatives au cantonnement ou à une définition artificielle de la base d'imposition dans la mesure où les bénéfices d'une entité sont déterminés à partir de « coûts majorés » mais certains coûts sont exclus de l'assiette et les circonstances particulières ne sont pas prises en compte. Ces aspects pourraient être couverts par les facteurs existants, mais ces régimes peuvent également susciter des préoccupations quant à la substance.

75. Les activités essentielles génératrices de revenu dans un siège social d'entreprise peuvent englober les activités dont émane le type spécifique de revenu de services reçu par l'entreprise. Elles peuvent par exemple comprendre la prise de décision de gestion pertinentes, l'engagement de dépenses pour le compte d'entités du groupe et la coordination des activités du groupe.

B. Régimes des centres de distribution et de services

76. Les régimes des centres de distribution accordent un traitement fiscal préférentiel aux entités dont l'activité principale ou exclusive consiste à acheter des matières premières et des produits finis à d'autres membres du groupe, et à les revendre avec une marge bénéficiaire modeste. Les régimes des centres de services offrent un traitement fiscal préférentiel aux entités dont l'activité principale ou exclusive est de fournir des services aux autres entités du même groupe. Ces régimes soulèvent des préoccupations quant à leurs caractéristiques en termes de cantonnement, et parce qu'ils peuvent donner lieu à une définition artificielle de la base d'imposition. Bien que les facteurs existants puissent répondre à ces objections, des préoccupations concernant la substance pourraient subsister.

77. Les activités essentielles génératrices de revenu dans un centre de distribution ou de services peuvent comprendre les transports et le stockage des marchandises, la gestion des stocks et la prise de commandes, et la fourniture de services de conseils et administratifs.

C. Régimes de financement ou de crédit-bail

78. Les régimes de financement et de crédit-bail fournissent un traitement fiscal préférentiel aux activités de financement et de crédit-bail. Les principales préoccupations concernant ces régimes sont, entre autres, les considérations de cantonnement et une

définition artificielle de la base d'imposition. Une fois encore, ces problèmes pourraient être résolus avec les facteurs existants.

79. Les activités essentielles génératrices de revenu dans une société de financement ou de crédit-bail peuvent comprendre la négociation de conditions de financement, l'identification et l'acquisition d'actifs à louer en crédit-bail (dans le cas du crédit-bail), l'établissement des conditions et de la durée des financements et du crédit-bail, le suivi et l'amendement des contrats, et la gestion des risques.

D. Régimes de gestion de fonds

80. Les régimes de gestion de fonds accordent un traitement fiscal préférentiel aux revenus gagnés par les gestionnaires de fonds[26] pour la gestion de fonds. En échange de ses services, le gestionnaire de fonds reçoit une rémunération calculée à l'aide d'une formule convenue par avance. L'imposition du revenu ou des gains du fonds lui-même ou des investisseurs n'est pas concernée ici, mais plutôt celle des revenus gagnés par les gestionnaires pour la gestion du fonds[27]. La rémunération du gestionnaire de fonds et les modalités et le lieu d'imposition peuvent soulever des problèmes de transparence qui pourraient être en partie résolus par l'échange spontané obligatoire sur les décisions.

81. En termes d'activité substantielle, les activités essentielles génératrices de revenu d'un gestionnaire de fonds peuvent comprendre la prise de décisions sur la conservation ou la vente des placements, le calcul des risques et des réserves, les décisions sur les fluctuations des taux des devises ou d'intérêt et les opérations de couverture, et la préparation des rapports réglementaires ou d'autres rapports destinés aux autorités gouvernementales et aux investisseurs.

E. Régimes de la banque et de l'assurance

82. Les régimes de la banque et de l'assurance accordent un traitement fiscal préférentiel aux activités bancaires et d'assurance. La préoccupation principale est liée aux avantages qu'ils offrent aux revenus provenant des activités étrangères. Si les avantages sont uniquement accordés aux revenus étrangers, cet aspect sera couvert par le critère de cantonnement existant. Pour ce qui est de la substance, l'environnement réglementaire devrait déjà contrôler, le cas échéant, qu'une entreprise a la capacité de supporter des risques et d'exercer son activité. Toutefois, dans le domaine de l'assurance, il peut se révéler plus difficile de déterminer facilement quels sont les activités et les régimes qui suscitent des préoccupations en matière de substance du fait de la possibilité de réassurance des risques.

83. Les activités essentielles génératrices de revenu pour les établissements bancaires dépendent du type d'activité bancaire qu'ils exercent, mais elles peuvent comprendre la levée de fonds, la gestion du risque y compris les risques de crédit, de change et de taux, les opérations de couverture, la fourniture de prêts, de crédit ou d'autres services financiers aux clients, la gestion du capital réglementaire et la préparation des rapports et déclarations réglementaires. Les activités essentielles génératrices de revenu pour les compagnies d'assurance peuvent inclure la prévision et le calcul des risques, l'assurance ou la réassurance contre le risque et l'offre de services aux clients.

F. Régimes du transport maritime

84. Les régimes du transport maritime accordent un traitement fiscal préférentiel aux activités de transport maritime et sont conçus en tenant compte d'importantes considérations non fiscales. Outre les problèmes de cantonnement et de transparence déjà discutés dans la NAC (OCDE, 2004b), ils peuvent, considérés sous l'angle de l'analyse de l'activité substantielle, soulever des préoccupations puisqu'ils permettent la séparation des revenus du transport maritime des activités essentielles qui les génèrent.

85. Les activités essentielles génératrices de revenu pour les compagnies maritimes peuvent comprendre la gestion des équipages (notamment l'embauche, la paie et la supervision des membres d'équipage), le remorquage et l'entretien des navires, l'organisation et le suivi des livraisons, l'identification des marchandises à commander et la détermination de la période de livraison, et l'organisation et la supervision des voyages.

G. Régimes des sociétés holding

86. Les régimes de sociétés holding peuvent être répartis en deux grandes catégories : *(i)* ceux qui accordent des avantages aux sociétés qui détiennent une gamme d'actifs et gagnent différents types de revenus (par exemple des intérêts, des loyers et des redevances) et *(ii)* ceux qui s'appliquent uniquement aux sociétés qui détiennent des participations et ne perçoivent que des dividendes et des plus-values. Pour ce qui concerne la catégorie *(i)* ci-dessus, dans la mesure où ces régimes offrent des avantages aux sociétés qui gagnent des revenus autres que des dividendes et des plus-values, l'obligation d'activité substantielle devrait obliger les contribuables éligibles à avoir exercé des activités essentielles ayant un rapport avec ces types de revenus.

87. Les régimes de sociétés holding qui entrent dans la catégorie *(ii)* ci-dessus et offrent des avantages uniquement aux dividendes et aux plus-values soulèvent des considérations politiques différentes des autres régimes préférentiels car ils se concentrent principalement sur l'allègement de la double imposition économique. Ils peuvent par conséquent ne pas requérir autant de substance des sociétés holding pour exercer leur principale activité de holding et gérer leurs participations. Ces régimes pourraient néanmoins susciter des préoccupations qui ne sont pas directement liées à la substance. Les objections émises par les pays sur les régimes de sociétés holding portent souvent sur la transparence et leur incapacité à identifier le bénéficiaire effectif des dividendes. Sont également soulevées les questions de savoir si les sociétés holding autorisent le payeur et le bénéficiaire à bénéficier de dispositions conventionnelles dans des circonstances qui normalement ne donneraient pas droit à des avantages et si les régimes de sociétés holding sont cantonnés. Certains de ces problèmes peuvent avoir déjà été traités dans le cadre d'autres travaux ou au regard d'autres facteurs existants. Par exemple :

- Échange de renseignements – La norme internationale sur l'échange de renseignements sur demande couvre non seulement l'échange de renseignements mais aussi la disponibilité des renseignements, notamment comptables, bancaires et relatifs à la propriété. Le travail de supervision de la mise en place du standard est réalisé par le Forum mondial sur la transparence et l'échange de renseignements à des fins fiscales. Dans sa version révisée, le Forum mondial a incorporé les principes de la norme du Groupe d'action financière (GAFI) sur la propriété effective et en conséquence, les pays seront évalués sur leur capacité à fournir des renseignements sur la propriété effective le cas échéant et si cela s'inscrit dans une demande d'échange de renseignements.

- Action 6 visant à empêcher l'utilisation abusive des conventions – Le résultat de cette action se traduit par l'élaboration de dispositions conventionnelles types et de recommandations visant à concevoir des règles nationales qui empêchent que les avantages prévus par les conventions puissent être accordés lorsque les circonstances ne s'y prêtent pas. Les travaux réalisés dans le cadre de cette Action devraient résoudre les problèmes relatifs à l'utilisation de sociétés holding pour bénéficier des avantages prévus par les conventions.
- Action 2 visant à neutraliser les effets des montages hybrides – Le résultat de cette action se traduit par l'élaboration de dispositions conventionnelles types et de recommandations visant à concevoir des règles nationales qui neutralisent les effets d'instruments et entités hybrides. L'une des recommandations formulées à l'issue des travaux effectués dans le cadre de cette Action concerne l'interdiction d'exonérer un dividende et d'accorder d'autres types d'allégement aux fins de l'allègement de la double imposition économique au titre de paiements déductibles. Cette recommandation pourrait également répondre aux questions soulevées concernant la possible non imposition du revenu sous forme de dividende.
- Cantonnement – Si les pays s'inquiètent de ce que les régimes de sociétés holding puissent réserver leurs avantages aux revenus de sociétés étrangères alors que ces revenus ne sont imposés nulle part ailleurs ou qu'ils visent les investisseurs étrangers par d'autres moyens, ce problème est déjà traité dans le cadre du facteur relatif au cantonnement[28].
- Autres travaux – Par exemple les travaux réalisés dans le cadre de l'Action 3 du Plan d'action BEPS visant à renforcer les règles relatives aux sociétés étrangères contrôlées (SEC).

88. Une fois les mesures prises pour répondre à ces autres considérations politiques, l'utilisation de ces régimes dans un but d'érosion de la base d'imposition et de transfert des bénéfices ne devrait plus être une préoccupation majeure. En conséquence, dans la mesure où les régimes de sociétés holding réservent leurs avantages aux sociétés holdings de participations, le critère d'activité substantielle exige au minimum que les sociétés qui reçoivent des avantages dans le cadre de ces régimes respectent parfaitement les obligations légales des sociétés en matière de dépôt des déclarations d'impôt et des états financiers et qu'elles possèdent la substance nécessaire à des activités de détention et de gestion de titres de participations (par exemple qu'elles disposent du personnel et des locaux indispensables à l'exercice de ces activités). Ceci écarte la possibilité que des sociétés boîtes aux lettres ou écrans bénéficient des avantages de régimes de sociétés holding.

Notes

1. Voir page 18 du Plan d'action BEPS. Voir aussi le chapitre 1 ci-dessus.

2. Pour plus d'information sur l'accord, voir *Action 5 : Accord sur l'approche du lien modifiée des régimes de PI* (OCDE, 2015).

3. Par exemple : les sociétés A, B et C développent ensemble un actif D de PI au cours de l'année 1. La société A se situe dans une juridiction disposant d'un régime de PI. La société A contribue pour 30 % des dépenses de R&D et finance la R&D à concurrence de 3 000, la société B contribue pour 30 % des dépenses de R&D et finance la R&D à concurrence de 3 000

et la société C contribue pour 40 % des dépenses de R&D et finance la R&D à concurrence de 4 000. Au cours de l'année 2, D, l'actif de PI, génère un revenu de 100 000 dont 30 000 sont attribués à la société A. Si la société A n'a rien déboursé pour externaliser à une société liée ou pour acquérir des actifs de PI, alors le ratio de lien qui s'appliquera à ces 30 000 avant majoration sera de 3 000/3 000 (soit 100 %). La totalité des 30 000 sera alors éligible au régime de PI dans la juridiction de la société A.

4. Les juridictions ayant des régimes de PI doivent veiller à ce que le même actif de PI ne soit pas imputé à la fois au siège social et à l'établissement stable situé à l'étranger (par exemple parce qu'elles appliquent l'Approche autorisée de l'OCDE).

5. La protection juridique correspondante comprend le droit exclusif d'utiliser l'actif de PI, les recours juridiques contre les infractions, la législation relative au secret commercial et les protections contractuelles et pénales contre l'utilisation de l'actif de PI ou la divulgation non autorisée d'informations relatives à l'actif de PI.

6. Si certaines juridictions offrent une protection par brevet aux logiciels, il n'en est pas de même partout. De nombreux contribuables qui conçoivent des logiciels doivent en conséquence les protéger par le droit d'auteur puisqu'ils ne peuvent pas les breveter. L'inclusion des logiciels protégés par le droit d'auteur dans la définition des actifs de PI fonctionnellement équivalents permet également d'assurer que la différence de traitement des logiciels dans les lois relatives aux brevets des différentes juridictions n'affecte pas l'éligibilité du revenu des logiciels aux avantages des régimes de PI.

7. Le respect de ces deux conditions par le contribuable devra être évalué annuellement sur la base d'une moyenne sur cinq ans qui varie chaque année. La mention d'une limite de 50 millions d'euros pour le chiffre d'affaires mondial d'un groupe n'implique pas que ces critères ne s'appliquent qu'aux groupes. Les entités indépendantes qui souhaitent être éligibles aux avantages de la troisième catégorie d'actifs de PI doivent également remplir ces deux conditions.

8. Les informations relatives à l'utilisation des actifs de cette catégorie devront alors être incluses dans l'encadré 7 du modèle présenté à l'annexe C.

9. Les régimes de PI qui doivent être évalués selon l'approche du lien comprennent les régimes qui octroient des avantages à tout actif de PI *quel qu'il soit.* Les régimes qui accordent des bénéfices à des actifs de PI non éligibles dans le cadre de l'approche du lien seront considérés comme ne remplissant pas la condition d'une activité substantielle.

10. Les dépenses éligibles pourraient donc comprendre les salaires, les coûts directs, les frais généraux directement liés aux installations de R&D et le coût des fournitures, à condition que tous ces coûts résultent d'activités entreprises pour faire progresser la compréhension des relations scientifiques ou les technologies, pour remédier à des obstacles scientifiques ou technologiques ou pour développer le savoir et mettre au point de nouvelles applications.

11. Les coûts de construction ou les autres coûts de capital non séparables ne seraient pas inclus, parce qu'il serait impossible d'établir un lien direct entre le coût d'un bâtiment entier et les différents actifs de PI créés dans ce bâtiment.

12. Voir sections II.F et II.G du présent chapitre pour une explication des raisons pour lesquelles les dépenses d'externalisation à des parties liées et les coûts d'acquisition sont inclus dans les dépenses totales et non dans les dépenses éligibles.

13. Voir section II.E ci-dessous.

14. Les dépenses de PI seront calculées en appliquant les dispositions ordinaires de la législation fiscale interne (c'est-à-dire sans recourir aux dispositions spécifiques des régimes de PI). Les juridictions peuvent limiter les dépenses imputables sur le revenu de la PI pour s'assurer que l'utilisation de telles dépenses est conforme à la législation interne. Les juridictions devraient également utiliser les pertes fiscales liées au revenu de la PI conformément à la législation locale et d'une manière qui ne permette pas de porter ces pertes en déduction du revenu taxé au taux ordinaire.

15. Une telle méthode devrait s'appuyer sur les principes de prix de transfert tels que mis à jour suite aux rapports consacrés aux Actions 8 à 10 du projet BEPS.

16. Les juridictions qui ne sont pas des États membres de l'Union européenne pourraient modifier cette limitation pour inclure dans la définition des dépenses éligibles toutes les dépenses éligibles au titre d'activités effectuées à la fois par des parties non liées et des parties résidentes liées.

17. L'externalisation diffère de l'achat de composants à une partie propriétaire de la PI de ces composants et cette référence à la possibilité d'une externalisation à des parties non liées ne concerne pas la possibilité d'achats de composants à ces parties.

18. Les juridictions qui disposent de régimes de PI doivent faire en sorte que les contribuables ne puissent pas contourner ce traitement des coûts d'acquisition en acquérant des entités qui possèdent des actifs de PI.

19. Les juridictions qui ne sont pas des États membres de l'Union européenne pourraient modifier cette limitation pour que les dépenses éligibles engagées lors d'une acquisition par un contribuable dans la juridiction fournissant le régime de PI puissent être incluses dans les dépenses éligibles de l'acquéreur (tout en incluant les coûts d'acquisition dans les dépenses totales ou en incluant les dépenses totales du cédant dans les dépenses totales de l'acquéreur à condition que le cédant ait procédé à un repérage et à un suivi complets garantissant la prise en compte de l'ensemble des dépenses totales).

20. La thérapeutique ou les domaines de thérapie incluent les catégories de maladie telles que celles relevant de la cardiologie, de l'oncologie ou les maladies respiratoires. Des catégories plus étroites de maladies, par exemple le cancer du sein et le cancer du poumon, constitueraient des sous-catégories d'un domaine thérapeutique plutôt que l'ensemble du domaine thérapeutique comme l'oncologie dans ce cas.

Dans certains secteurs qui fournissent des services ou autre chose que des produits, les familles de produits pourraient inclure des équivalents fonctionnels à condition que les groupements ne comprennent que les actifs de PI dont les dépenses se chevauchent et ceux ayant contribué à des sources de revenu communes.

21. Dans les juridictions qui traitent le ratio du lien comme une présomption réfragable, les contribuables devront choisir entre la majoration et la présomption réfragable. En d'autres termes, ils ne pourront pas à la fois réfuter le ratio de lien et bénéficier de la majoration de 30 %. Ce choix entre la majoration et la réfutation du ratio de lien doit se baser sur l'actif de PI, le produit ou la famille de produits, et ne peut être basé sur un groupement plus restreint que celui utilisé pour le repérage et le suivi.

22. Des informations complémentaires pourraient être demandées selon les instruments d'échange de renseignements applicables.

23. Ces régimes incluent *(i)* les régimes de sociétés holding, *(ii)* les régimes des sièges sociaux, *(iii)* les régimes des centres de distribution, *(iv)* les régimes des centres de services, *(v)* les régimes de financement et de crédit-bail, *(vii)* les régimes des banques, *(viii)* les régimes d'assurance, et *(ix)* les régimes du transport maritime.

24. La définition des « contribuables éligibles » serait identique à celle utilisée pour les régimes de PI. Voir paragraphe 33 ci-dessus. Cette définition comprendrait les entreprises résidentes, les établissements stables (ES) nationaux d'entreprises étrangères et les ES étrangers d'entreprises résidentes soumis à l'impôt dans le pays ou territoire accordant des avantages.

25. Voir paragraphe 6 du Rapport de 1998.

26. Un gestionnaire de fonds est une personne physique ou morale qui fournit des services de gestion, notamment la prise de décisions d'investissement, à un fonds de placement ou à ses investisseurs.

27. NAC, paragraphe 261. Les travaux du FHTP sont centrés sur la gestion de fonds et non sur l'imposition du fonds lui-même.

28. Comme l'indique le paragraphe 65 de la NAC, le facteur de cantonnement ne peut être soulevé en liaison avec toute mesure destinée à supprimer ou à atténuer la double imposition mais « il doit comporter des éléments permettant de s'assurer qu'il ne s'applique que lorsqu'une double imposition peut avoir lieu. » Dans le contexte de régimes de sociétés holding, le paragraphe 244 ajoute que :

> … le régime doit donc prévoir la mise en œuvre de mesures efficaces pour satisfaire cet objectif. Ces mesures peuvent notamment comprendre, sous réserve des dispositions fiscales, les législations visant les sociétés étrangères contrôlées (ou des règles similaires qui s'appliquent au moment de la distribution de dividendes ou de la cession d'actions), l'utilisation de méthodes d'exemption dans le cadre de conventions fiscales suivant le Modèle de convention fiscale de l'OCDE ou le recours à des règles anti-abus.

Bibliographie

OCDE (2015), Action 5 : *Accord sur l'approche du lien modifiée des régimes de PI*, OCDE. www.oecd.org/fr/ctp/beps-action-5-accord-sur-approche-du-lien-modifiee-des-regimes-de-PI.pdf.

OCDE (2014), *Lutter plus efficacement contre les pratiques fiscales dommageables, en prenant en compte la transparence et la substance*, OCDE. http://dx.doi.org/10.1787/9789264225305-fr.

OCDE (2013), *Plan d'action concernant l'érosion de la base d'imposition et le transfert de bénéfices*, OCDE. http://dx.doi.org/10.1787/9789264203242-fr.

OCDE (2004a), *Pratiques fiscales dommageables : Rapport d'étape 2004,* OCDE www.oecd.org/fr/ctp/dommageables/30901107.pdf.

OCDE (2004b), Note d'application consolidée : *Indications pour l'application du rapport 1998 aux régimes fiscaux préférentiels*, OCDE. www.oecd.org/fr/ctp/dommageables/30901141.pdf.

OCDE (1998), *Concurrence fiscale dommageable : Un problème mondial*, OCDE. http://dx.doi.org/10.1787/9789264262942-fr.

Chapitre 5

Refondre les travaux relatifs aux pratiques fiscales dommageables : cadre d'amélioration de la transparence à l'égard des décisions

I. Introduction

89. La seconde priorité en vertu de l'action 5 pour la refonte des travaux relatifs aux pratiques fiscales dommageables est l'amélioration de la transparence, et notamment l'échange spontané obligatoire de renseignements relatifs à certaines décisions. Ces travaux contribuent au troisième pilier du projet BEPS, dont l'objectif est d'assurer la transparence tout en favorisant une plus grande certitude et de la prédictibilité.

90. Le FHTP a décidé de faire progresser ses travaux sur l'amélioration de la transparence en trois étapes :

a. La première étape a mis l'accent sur le développement d'un cadre pour l'échange obligatoire spontané de renseignements à l'égard des décisions relatives aux régimes préférentiels. Ce cadre a été établi dans le Rapport d'étape du FHTP (OCDE, 2014a) et a été modifié. Il est à présent remplacé par les recommandations mentionnées dans le présent rapport. Le rapport d'étape de 2014 énonçait clairement que le cadre serait dynamique et flexible et que d'autres travaux seraient entrepris.

b. Au cours de la seconde phase des travaux, le FHTP s'est posé la question de savoir si la transparence peut faire l'objet d'améliorations et a examiné les régimes de décisions applicables des pays membres et associés. Ces travaux, incluant un questionnaire rempli par les pays membres et associés sur les pratiques actuelles en matière de décision, ont contribué au développement ultérieur de l'échange spontané obligatoire de renseignements. Ils ont permis de conclure que les exigences liées à l'échange spontané obligatoire de renseignements doivent couvrir tous les cas où une absence d'échange de décision peut entraîner des préoccupations en matière de BEPS. Cette approche repose sur le fait que l'action 5 n'est pas limitée à l'échange de renseignements sur les décisions relatives aux régimes préférentiels, mais permet également plus de transparence. Dans ce contexte, le FHTP se concentre sur des cas spécifiques où l'absence d'échange d'informations peut donner lieu à des préoccupations en matière de BEPS, plutôt que de suggérer que le pays délivrant la décision dispose d'un régime préférentiel dans tous les cas. Cela montre également qu'une discipline adéquate en matière de transparence doit pouvoir s'étendre au-delà d'une approche globale. Par exemple, rien ne prouve qu'un programme d'accord préalable unilatéral en matière de prix (APP) constitue en lui-même un régime préférentiel. Toutefois, un régime préférentiel, particulièrement de nature administrative, peut être opéré, en tout ou partie, via un APP ou un régime de décision fiscale anticipée (DFA). Dans ce cas, c'est uniquement lorsque les renseignements relatifs à la décision ont été échangés que l'on peut parvenir à un jugement en toute connaissance de cause. Au lieu de s'engager dans la mise au point de limites, ce qui se serait avéré difficile et aurait donné aux administrations fiscales émettrices la tâche inconfortable de déterminer la nature de leur propre régime, le FHTP a préféré opter pour la simplicité et la clarté. Ce faisant, le FHTP a également remarqué qu'en vertu de l'action 13 sur la documentation des prix de transfert, les APP et DFA doivent être inclus dans les dossiers local et principal. Le FHTP a estimé que l'échange spontané de renseignements clés sur lesdits APP et DFA entre les administrations fiscales permettrait de vérifier de façon utile les informations fournies par le contribuable.

c. Dans un troisième temps, le FHTP a développé un cadre général des meilleures pratiques pour la conception et la gestion des régimes applicables.

91. Combinant les deux premières étapes décrites ci-dessus, le présent chapitre décrit le cadre convenu de l'OCDE pour l'échange spontané obligatoire des renseignements à l'égard des décisions. Le cadre définit six catégories de décisions spécifiques aux contribuables qui, lorsqu'elles ne font pas l'objet d'un échange spontané obligatoire des renseignements, pourraient donner lieu à des préoccupations en matière de BEPS. Ces six catégories sont *(i)* les décisions relatives aux régimes préférentiels ; *(ii)* les APP unilatéraux ou toute autre décision unilatérale transnationale en matière de prix de transfert ; *(iii)* les décisions transnationales prévoyant un ajustement à la baisse des bénéfices imposables ; *(iv)* les décisions relatives aux établissements stables ; *(v)* les décisions relatives aux intermédiaires entre parties apparentées et *(vi)* tout autre type de décision, au sujet duquel le FHTP convient qu'il est susceptible de donner lieu à des préoccupations en matière de BEPS en l'absence d'échange spontané de renseignements. Cela ne signifie pas que lesdites décisions ou les procédures légales ou administratives en vertu desquelles elles sont données représentent des régimes préférentiels. Cela montre plutôt que certains pays craignent qu'un manque de transparence puisse entraîner un phénomène de BEPS, s'ils ne disposent pas de renseignements ou de connaissances spécifiques sur le traitement fiscal d'un contribuable dans un État donné et que ledit traitement fiscal affecte les transactions ou arrangements pris vis-à-vis dudit contribuable apparenté résidant dans le pays. La disponibilité d'informations opportunes et précises, mentionnée dans le modèle discuté ci-dessous à la section V du présent chapitre et à l'annexe C, est essentielle en vue de permettre aux administrations fiscales d'identifier rapidement les domaines à risque.

92. Le cadre a été conçu en vue d'assurer que les renseignements échangés sont pertinents pour l'administration fiscale destinataire, sans toutefois imposer un fardeau administratif excessif sur le pays les échangeant ou les recevant. Le cadre s'appuie sur les recommandations contenues dans la NAC (OCDE 2004) et prend également en compte la Convention sur l'assistance administrative mutuelle en matière fiscale (MAC, OCDE 2010a)[1] ainsi que la Directive du Conseil de l'Union européenne 2011/16/UE du 15 février 2011 sur la coopération administrative dans le domaine fiscal (et notamment ses travaux sur l'échange spontané de renseignements à l'égard des décisions transnationales et en matière de prix de transfert). Ces sources ont toutes en commun l'objectif d'encourager l'échange spontané de renseignements, lorsqu'il est présumé que les renseignements obtenus par un pays en intéresseront un autre.

93. Bien qu'il soit reconnu que les décisions représentent un outil utile pour les administrations fiscales et les contribuables, offrant certitude et prédictibilité et empêchant les différends fiscaux de se produire, les préoccupations sur la transparence ne sont pas nouvelles et les régimes ont fait l'objet de l'attention de l'OCDE dès les débuts de son

travail sur les pratiques fiscales dommageables. La NAC inclut des directives détaillées sur la transparence. Comme l'indique le rapport de 1998 (OCDE, 1998) et la NAC, la question de la transparence est souvent pertinente à l'égard de décisions pour lesquelles une déclaration spontanée peut être requise, ce qui inclut les APP unilatéraux et les pratiques administratives de façon plus générale. Les régimes de décision peuvent également être utilisés afin d'attirer des capitaux internationaux mobiles au sein d'une juridiction d'une manière qui contribue ou constitue une pratique fiscale dommageable.

94. Le présent chapitre traite des points suivants : *(i)* quelles sont les décisions concernées; *(ii)* avec pays les renseignements doivent-ils être échangés; *(iii)* l'application du cadre aux décisions passées et futures; *(iv)* les renseignements concernés par les échanges *(v)* les problèmes de mise en œuvre pratiques; *(vi)* l'approche réciproque de l'échange de renseignements; *(vii)* la confidentialité des renseignements échangés; et *(viii)* les recommandations sur les meilleures pratiques à l'égard des décisions.

II. Décisions concernées par le cadre d'échange spontané

A. Définition d'une décision

95. Les décisions sont « tout avis ou renseignement donné ou toute mesures prise à l'égard d'un contribuable ou d'un groupe de contribuables par une autorité fiscale concernant leur situation fiscale et sur lesquels ils sont en droit de s'appuyer »[2].

96. Le contribuable est en droit à se fonder sur les termes de la décision, mais c'est en général sous réserve que les faits ayant déterminé la décision aient été présentés avec exactitude et que le contribuable respecte ces termes. La définition, qui est large, englobe les décisions de caractère général et celles de nature spécifique. Toutefois, le cadre pour l'échange spontané obligatoire de renseignements s'applique uniquement aux décisions spécifiques à un contribuable.

97. Les *décisions spécifiques à des contribuables* sont des décisions qui se rapportent à un contribuable donné et sur lesquelles il est en droit de se fonder. Ces décisions peuvent être données avant la transaction (cela inclut les DFA ou les exemptions et les APP) ou après, dans chaque cas à la suite de la demande d'un contribuable. La définition de la décision exclut donc, par exemple, toute déclaration ou accord conclu après un audit mené suite à l'envoi par le contribuable de sa déclaration de revenus ou au dépôt de ses comptes. Ne sont toutefois pas exclus, toutes décisions ou tous accords sur le traitement des bénéfices futurs, donnés dans le cadre d'un audit, si ladite décision entre dans l'une des catégories mentionnée au présent rapport.

98. Les *décisions fiscales anticipées* (DFA) portent sur un contribuable donné et déterminent les conséquences fiscales d'une transaction projetée; le contribuable en question est en droit de s'appuyer sur la décision le concernant. Ces décisions peuvent prendre diverses formes. Il peut s'agir de décisions ou d'accords qui sont formulés dans le cadre d'une procédure législative ou d'une pratique administrative, y compris de décisions prises de façon informelle. Elles indiquent fréquemment si, et dans certains cas, comment, une loi ou une pratique administrative donnée s'applique à une transaction envisagée par un contribuable spécifique. Ces décisions peuvent également indiquer si une décision de caractère général s'applique à la situation d'un contribuable spécifique, et de quelle manière. En général, le contribuable concerné présente une demande de décision avant d'effectuer la transaction en cause, mais certains régimes fournissent des indications aux contribuables après la réalisation d'une transaction, et ces décisions postérieures aux transactions sont aussi couvertes. La décision détermine les conséquences fiscales de la

transaction et le contribuable est en droit de se fonder sur elle en partant du principe que les faits sont tels que décrits dans la demande de décision anticipée de nature spécifique. Lesdites décisions sont adaptées au contribuable étant donné qu'elles prennent en compte la situation de fait de celui-ci. Elles ne sont donc pas directement applicables à d'autres contribuables (bien que, lorsqu'elles sont publiées dans une forme anonyme ou expurgée, lesdites décisions puissent fournir des recommandations aux contribuables confrontés à la même situation et au même contexte[3]). Cette catégorie de décisions pourrait inclure, par exemple, des décisions relatives à des questions de prix de transfert qui ne peuvent pas faire l'objet d'un accord préalable en matière de prix de transfert. Elles peuvent aussi comprendre l'expression d'une opinion sur le traitement fiscal futur d'un contribuable ou la détermination de celui-ci sur lesquelles le contribuable est en droit de se fonder.

99. Les *accords préalables en matière de prix* sont définis dans les Principes de l'OCDE applicables en matière de prix de transfert à l'intention des entreprises multinationales et des administrations fiscales (principes PT, OCDE, 2010) comme un « accord qui détermine, antérieurement aux transactions contrôlées, un ensemble approprié de critères en vue de déterminer le prix de transfert pour ces transactions sur une période de temps fixe »[4]. Ils donnent aux contribuables de la certitude quant à l'application des règles relatives aux prix de transfert aux futures transactions dans le cadre d'un l'APP. Pour ce faire, ces accords déterminent un ensemble adéquat de critères (p. ex. méthode, éléments comparables et ajustement appropriés y afférents et hypothèses importantes quant aux événements futurs) pour fixer les prix de transfert[5].

100. Les principes en matière de PT distinguent les APP des autres procédures de décision, telles que les décisions fiscales anticipées, de la façon suivante :

> L'APP diffère de la procédure classique de décision dans la mesure où il nécessite un examen détaillé, et, s'il y a lieu, une vérification des hypothèses factuelles sur lesquelles est fondée la détermination de ses conséquences juridiques, avant que cette détermination puisse avoir lieu. En outre, l'APP prévoit un suivi continu afin de constater que les hypothèses factuelles restent valables pendant toute sa durée d'application (OCDE, 2010b)[6].

101. Les APP peuvent être unilatéraux, bilatéraux ou multilatéraux. Les APP bilatéraux et multilatéraux sont conclus entre deux administrations fiscales ou plus en vertu de la procédure amiable des traités fiscaux applicables. En général, les entreprises apparentées demandant un APP fournissent des documents aux autorités fiscales relatives au secteur, au marché et aux pays devant être couverts par l'accord, en sus du détail de la méthodologie proposée, de toute transaction pouvant servir de comparaison et d'une analyse fonctionnelle de la contribution de chacune des entreprises concernées. Parce qu'ils régissent la méthodologie permettant de déterminer les prix de transfert pour les années futures; les APP nécessitent des hypothèses ou des prédictions sur les événements à venir.

102. Les *décisions de caractère général* s'appliquent à des groupes ou à des catégories de contribuables ou d'activités, et non à un contribuable spécifique. Elles fournissent habituellement des indications sur la position de l'autorité fiscale concernée par rapport à des questions telles que l'interprétation de la législation et de la pratique administrative[7], ainsi que leur application aux contribuables en général ou à une catégorie spécifique de contribuables ou d'activités. Les indications s'appliquent normalement à tous les contribuables qui exercent des activités ou réalisent des transactions relevant du champ d'application des décisions. Ces décisions sont souvent rendues publiques et peuvent être appliquées par les contribuables à leurs activités ou transactions pertinentes, sans que les

contribuables concernés soient tenus de présenter une demande de décision. Le cadre ne s'applique pas aux décisions générales, mais les meilleures pratiques s'appliquent.

B. Décisions spécifiques au contribuable relatives aux régimes préférentiels

103. Le FHTP a convenu d'un cadre, décrit dans son rapport d'étape 2014, relatif à l'échange obligatoire de renseignements en rapport avec les décisions liées aux régimes préférentiels. Une approche de filtre est utilisée pour ces décisions, de sorte qu'il y a une obligation d'échanger spontanément des renseignements à l'égard des décisions transfrontières spécifiques au contribuable relatives à des régimes qui *(i)* rentrent dans le cadre des activités du FHTP ; *(ii)* sont préférentiels ; et *(iii)* satisfont au critère de taux d'imposition effectif nul ou peu élevé[8]. Lorsque des décisions sont rendues relativement à ces régimes, il y a obligation d'échanger spontanément les renseignements.

104. L'obligation d'échange spontané des renseignements intervient pour des décisions relatives à *tout* régime préférentiel. Cela signifie qu'il n'est pas nécessaire qu'un régime ait été évalué ou considéré comme potentiellement ou réellement dommageable au sens du Rapport de 1998 pour que l'obligation naisse. Par conséquent, l'obligation s'applique également à toute décision (telle que définie) en lien avec des régimes préférentiels n'ayant pas encore fait l'objet d'un examen ou qui ont été évaluée, mais dont le caractère dommageable n'a pas été démontré et qui ont donc été finalement jugés compatibles.

105. Les pays disposant de régimes préférentiels n'ayant pas encore fait l'objet d'un examen de la part du FHTP devront s'autoévaluer et déterminer s'ils correspondent aux critères définis. Lorsque c'est le cas, l'obligation d'échanger spontanément des renseignements est immédiate, sans que le FHTP ne soit tenu d'évaluer le régime concerné de façon formelle. En cas de doute quant à l'applicabilité des critères, il est recommandé que le pays concerné échange les renseignements de façon spontanée. Il est attendu que le pays disposant d'un régime préférentiel n'ayant pas encore été examiné par le FHTP se réfère de lui-même au FHTP, en vue d'un examen ultérieur.

106. Étant donné que le cadre inclut à présent six catégories de décisions, certaines des procédures décrites dans le rapport d'étape du FHTP de 2014 ont été modifiées et simplifiées dans le présent rapport qui le remplace.

C. APP unilatéraux transnationaux et toute autre décision fiscale unilatérale transnationale (tels que les DFA) concernant les prix de transfert ou l'application de principes de prix de transfert

107. Les APP unilatéraux sont des APP établis entre l'administration fiscale d'un pays et un contribuable de son pays.

108. « Les autres décisions fiscales unilatérales transnationales concernant le prix de transfert ou l'application de principes de prix de transfert » concernent par exemple, les DFA relatifs à des questions de prix de transfert qui n'ont pas fait l'objet d'un APP, soit parce que la décision se borne à traiter des questions d'ordre juridique et basées sur des faits adressées par un contribuable (alors qu'un APP se rapporte plutôt à des questions d'ordre factuel), soit parce que la décision est contraignante uniquement pour une transaction (à l'opposé d'un APP, qui couvre généralement plusieurs transactions ou types de transaction de façon continue ou l'ensemble des transactions internationales d'un contribuable pendant une certaine période de temps).

109. Les APP unilatéraux et les autres décisions fiscales unilatérales rentrent dans le cadre des décisions couvertes non en raison de leur caractère préférentiel, mais parce qu'en l'absence de transparence, elles peuvent créer des distorsions, donner lieu à des préoccupations en matière de BEPS et influencer de façon directe ou indirecte la situation fiscale d'un autre pays. Dans certains pays, les APP unilatéraux peuvent ajuster les bénéfices à la baisse et à la hausse à partir de leur position initiale. En outre, les APP unilatéraux peuvent permettre de définir une méthodologie future en matière de prix de transfert ou une structure future en matière de prix ou de répartition des bénéfices. Si les conditions desdits accords ne sont pas consultables par les administrations fiscales en relation avec les contribuables concernés, il peut y avoir des disparités dans la façon dont les deux extrémités d'une transaction sont évaluées et taxées. Ceci peut entraîner une non-imposition des bénéfices, résultant en des préoccupations en matière d'érosion de la base d'imposition et de transfert des bénéfices.

110. Il y a interaction entre l'obligation d'échange de renseignements spontanée liée à cette catégorie de décisions et les exigences en matière de documentation des prix de transfert en vertu de l'action 13. En particulier, le dossier principal contiendra une liste et une brève description des APP unilatéraux actuels du groupe de MNE et des autres décisions fiscales relatives à la répartition des revenus entre les pays. Le dossier local contiendra une copie des APP unilatéraux et bilatéraux/multilatéraux existants et des autres décisions fiscales auxquelles la juridiction locale n'est pas partie et qui sont liées aux transactions contrôlées importantes concernées.

111. Toutefois, l'obligation d'échanger spontanément les renseignements liés aux APP unilatéraux et aux autres décisions relatives au prix de transfert pourrait potentiellement couvrir une plus grande variété de décisions en matière de prix de transfert que ce qui figure dans les dossiers local et principal. Par exemple, seules les décisions relatives aux « transactions contrôlées importantes concernées » figureront dans le dossier local, ce qui crée un seuil plus important que ce qui est requis en vertu de l'action 5. Certaines informations dans le dossier local peuvent également faire l'objet de seuils de signification locaux, entraînant une non-obligation pour certains contribuables de produire un dossier local.

112. Enfin, ces deux ensembles d'obligations se renforcent de façon mutuelle, permettant aux administrations fiscales de vérifier les informations envoyées par les contribuables au moyen des informations échangées avec d'autres administrations fiscales et vice-versa. Cette double exigence peut également générer des informations supplémentaires pouvant aider les administrations fiscales à identifier les cas pour lesquels elles souhaitent demander un échange de renseignements supplémentaire avec une autre autorité fiscale.

D. Décisions transnationales prévoyant un ajustement unilatéral à la baisse des bénéfices imposables du contribuable qui n'est pas directement reflété dans ses comptes financiers et commerciaux

113. Cela couvre par exemple le capital informel ou les décisions de type similaire, pour ce qui n'est pas déjà couvert par la section II C ci-dessus. La NAC cite spécifiquement les décisions fiscales anticipées ou les APP unilatéraux permettant un ajustement à la baisse des bénéfices imposables qui n'est pas directement mentionné dans les comptes financiers de la société comme autant d'éléments pouvant entraîner un manque de transparence lorsqu'une autorité fiscale ne notifie pas les autres autorités fiscales de l'existence de cette décision. De plus, le rapport de 2000 (OCDE, 2001) a établi que les régimes qui permettent un ajustement à la baisse des bénéfices peuvent s'apparenter à des régimes préférentiels[9].

114. Un régime prévoyant des ajustements à la baisse des bénéfices a le potentiel d'entraîner une taxation faible ou nulle et de pousser les MNE à transférer les profits. Cet effet incitatif existe lorsque l'ajustement à la baisse est prévisible, par exemple, lorsqu'il est donné dans le cadre d'une décision ou d'une autre pratique administrative. Dans ces cas-là, un échange de renseignements efficace est particulièrement important afin de donner aux autres pays l'opportunité d'appliquer leurs réglementations relatives au prix de transfert. Dans de nombreux cas, le pays affecté ne pourra déterminer qu'il a été procédé audit ajustement car, par exemple, celui-ci a été réalisé lors du calcul de l'impôt au niveau national et n'est pas reflété dans les comptes de l'entreprise ou encore parce qu'il est effectué de façon rétrospective [10].

115. Les décisions concernant des bénéfices excédentaires, en matière de capital informel ou toute autre décision similaire prennent en compte la contribution du capital ou d'un actif, généralement par une société mère ou une autre partie liée, et prévoient un ajustement qui réduit le bénéfice imposable au moyen par exemple, d'une prétendue déduction d'intérêts dans le cas d'un prêt sans intérêts. L'exemple suivant illustre ce qui précède : le prix payé par une société affiliée à sa société mère est présenté comme inférieur au prix concurrentiel afin de favoriser la société affiliée. Dans ces circonstances, un pays peut procéder à un ajustement à la baisse des bénéfices imposables de la société affiliée afin de prendre en compte le prix qu'elle aurait payé si la transaction avait été effectuée dans des conditions de concurrence normales. L'ajustement à la baisse reflétera la différence entre le prix réellement versé et le prix concurrentiel, de sorte que lors du calcul de l'impôt (mais non dans les comptes commerciaux/statutaires de la société), la différence soit considérée comme ayant été payée par la filiale à sa société mère. Ce procédé crée une déduction fiscale et réduit le taux d'imposition effectif de la société affiliée, mais il est peu probable que la société mère subisse une taxation plus élevée en contrepartie au sein de sa juridiction, à moins que l'administration fiscale ne soit informée de l'ajustement et de son montant. En outre, il a été convenu que les pays disposant d'un régime en matière de contribution de capital informel ou de bénéfices excédentaires pouvant mener à des ajustements à la baisse et qui n'exige pas des contribuables d'obtenir une décision pour en profiter, doivent s'assurer que l'administration fiscale est au courant de l'ensemble des cas dans lesquels le régime a été utilisé. Les informations sur ces cas seront également fournies aux autres autorités fiscales pertinentes.

116. Cette catégorie de décision ne concerne pas les ajustements à la baisse effectués à la suite de l'audit des comptes déposés et les déclarations pour lesquelles aucune décision indépendante n'est donnée ou aucune mesure unilatérale n'est en place, notamment à l'égard d'éléments tels que les crédits d'impôt étrangers.

E. Décisions relatives aux établissements stables (ES), c-à-d toutes décisions concernant l'existence ou l'absence de bénéfices et/ou leur attribution à un établissement stable par le pays rendant la décision

117. Dans la mesure où celles-ci ne sont pas déjà couvertes par la section II.C ci-dessus, cette catégorie s'applique aux décisions qui déterminent ou décident de façon explicite de l'existence ou de l'absence d'un ES (à l'intérieur ou à l'extérieur du pays rendant la décision) ou à toute décision qui prévoit la part de bénéfices pouvant être attribuée à un ES.

F. Décisions relatives aux intermédiaires entre parties apparentées

118. Dans la mesure où celles-ci ne sont pas déjà couvertes par la section II.C ci-dessus, cette catégorie s'applique aux décisions concernant des arrangements impliquant des flux transnationaux de fonds ou de revenus transitant par une entité située dans le pays rendant la décision, que ces fonds ou revenus soient transférés directement ou indirectement vers un autre pays ou non (p. ex. en passant d'abord par une entité locale).

119. Les arrangements d'intermédiaire indirect incluent par exemple, des systèmes en vertu desquels une entité locale de niveau inférieur reçoit des paiements de revenus transnationaux (p. ex. des paiements d'intérêts sur un prêt) de la part de sociétés exploitantes sous-jacentes, qu'elle verse ensuite à une entité locale de niveau supérieur, en tant que paiement d'intérêts sur un prêt, laissant ainsi une faible marge imposable dans l'entité de niveau inférieur. L'entité de niveau supérieur est traitée comme fiscalement transparente au regard du droit local et ses associés sont uniquement non-résidents, ce qui lui permet d'éviter l'imposition. Ce mécanisme offre une déduction des intérêts au niveau des sociétés exploitantes sous-jacentes sans prise en compte du revenu correspondant dans les entités locales (sauf une faible marge) ou chez les associés non-résidents.

G. Tout autre type de décision donnant lieu à des préoccupations en matière de BEPS en l'absence d'échange spontané de renseignements

120. Sous réserve d'un accord du FHTP à une date ultérieure, cette catégorie pourrait être utilisée pour tout autre type de décision donnant lieu à des préoccupations en matière de BEPS en l'absence d'échange spontané de renseignements. Cette formulation est destinée à donner de la flexibilité au FHTP à l'avenir, afin d'étendre l'obligation d'échanger des renseignements de manière spontanée à diverses autres catégories de décisions. Cette catégorie s'applique donc uniquement sous réserve que le FHTP convienne ultérieurement de l'existence d'autres décisions donnant lieu à des préoccupations semblables à celles soulevées par les décisions déjà incluses dans le cadre et devant donc être ajoutées.

III. Juridictions recevant les renseignements

121. En règle générale, l'échange de renseignements, pour les décisions relevant des six catégories, doit avoir lieu entre :

a. Les pays de résidence de l'ensemble des parties apparentées avec lesquelles le contribuable conclut une transaction pour laquelle une décision est accordée ou qui donne lieu à des revenus provenant de parties apparentées bénéficiant d'un traitement préférentiel (cette règle s'applique également dans le cas d'un ES) ; et

b. Le pays de résidence de la société mère ultime et de la société mère immédiate.

122. Le seuil de participation servant à caractériser deux parties apparentées a été fixé à 25 %, mais le FHTP a décidé qu'il serait régulièrement réexaminé. Ainsi, deux parties sont réputées apparentées si la première partie dispose d'une participation de 25 % ou plus dans la seconde partie ou si une troisième partie possède une participation de 25 % ou plus dans les deux parties. Une partie sera réputée posséder une participation dans une autre partie lorsque ladite première partie détient directement ou indirectement et au moyen d'une participation dans d'autres parties, un pourcentage des droits de vote de la deuxième partie ou de la valeur de ses actions.

123. La règle générale en deux parties susmentionnée s'applique dans le cas *(i)* de régimes s'appliquant aux sociétés de transport; *(ii)* de régimes s'appliquant aux banques; *(iii)* de régimes s'appliquant aux assurances; *(iv)* de régimes s'appliquant aux opérations de financement et de leasing; *(v)* de régimes s'appliquant à la gestion de fonds; *(vi)* de régimes s'appliquant aux sièges sociaux; *(vii)* de régimes s'appliquant aux centres de distribution; *(viii)* de régimes s'appliquant aux centres de services; *(ix)* de régimes s'appliquant à la PI; *(x)* de régimes s'appliquant aux sociétés de holding; et *(xi)* d'autres régimes divers identifiés comme préférentiels par le FHTP.

124. La même règle d'échange en deux étapes s'applique pour *(i)* les APP unilatéraux transnationaux et toute autre décision transnationale et unilatérale en matière fiscale et *(ii)* les décisions transnationales prévoyant un ajustement unilatéral à la baisse. Pour les décisions liées aux ES, les renseignements sont échangés, le cas échéant, entre le pays de résidence du siège social ou le pays de l'ES et le pays de résidence de la société mère ultime et de la société mère immédiate. Pour les décisions liées à des intermédiaires, les renseignements sont échangés avec *(i)* le pays de résidence de toute partie apparentée effectuant un paiement au profit de l'intermédiaire (directement ou indirectement); *(ii)* le pays de résidence du bénéficiaire effectif ultime (qui est, dans la plupart des cas, la société mère ultime) des paiements effectués au profit de l'intermédiaire; et *(iii)* dans la mesure où cet élément n'a pas déjà été déterminé par le point (ii), le pays de résidence de *(1)* la société mère ultime et *(2)* la société mère immédiate.

125. Le tableau ci-dessous résume les pays avec lesquels les renseignements doivent être échangés, concernant les décisions susmentionnées. La première colonne du tableau décrit les décisions soumises à l'obligation d'échange spontané de renseignements et la seconde colonne les pays avec lesquels lesdits renseignements doivent être échangés.

Tableau 5.1. **Récapitulatif des pays avec lesquels les renseignements doivent être échangés**

Quelles sont les décisions concernées ?	Avec quels pays les renseignements doivent-ils être échangés ?
1. Décisions concernant un régime préférentiel Régimes s'appliquant aux sociétés de transport, régimes s'appliquant aux banques, régimes s'appliquant aux assurances, régimes s'appliquant aux opérations de financement et de leasing, régimes s'appliquant à la gestion de fonds, régimes s'appliquant aux sièges sociaux, régimes s'appliquant aux centres de distributions, régimes s'appliquant aux centres de services, régimes s'appliquant à la pi, régimes s'appliquant aux sociétés holding et autres régimes divers identifiés comme préférentiels par le FHTP.	i. Les pays de résidence de l'ensemble des parties apparentées (un seuil de participation de 25 % s'applique), avec lesquelles le contribuable conclut une transaction pour laquelle un traitement préférentiel est accordé ou qui donne lieu à des revenus provenant de parties apparentées bénéficiant d'un traitement préférentiel (cette règle s'applique également dans le cas d'un ES) ; et ii. Le pays de résidence *(a)* de la société mère ultime et *(b)* de la société mère immédiate.
2. Les APP unilatéraux transnationaux et toute autre décision fiscale unilatérale transnationale (tels que les DFA) concernant les prix de transfert ou l'application de principes de prix de transfert.	i. Les pays de résidence de l'ensemble des parties apparentées avec lesquelles le contribuable conclut des transactions couvertes par un APP ; et ii. Le pays de résidence *(a)* de la société mère ultime et *(b)* de la société mère immédiate.
3. Les décisions transnationales prévoyant un ajustement unilatéral à la baisse des bénéfices imposables du contribuable dans le pays rendant la décision.	i. Les pays de résidence de toutes les parties apparentées avec qui le contribuable a conclu des transactions couvertes par une décision. ii. Le pays de résidence de *(a)* la société mère ultime et *(b)* la société mère immédiate.

Quelles sont les décisions concernées ?	Avec quels pays les renseignements doivent-ils être échangés ?
4. Les décisions relatives aux ES.	i. Le pays où se trouve le siège ou le pays de l'ES, le cas échéant ; et ii. Le pays de résidence *(a)* de la société mère ultime et *(b)* de la société mère immédiate.
5. Décisions relatives aux intermédiaires entre parties apparentées.	i. Le pays de résidence de toute partie apparentée effectuant des paiements au profit de l'intermédiaire (directement ou indirectement) ; ii. Le pays de résidence du bénéficiaire effectif ultime des paiements versés à l'intermédiaire (qui, dans la plupart des cas, sera la société mère ultime) ; et iii. Dans la mesure où cet élément n'a pas déjà été déterminé par le point ii), le pays de résidence de *(a)* la société mère ultime et *(b)* la société mère immédiate.

IV. Application du cadre aux décisions [11]

Décisions passées

126. L'obligation d'échange spontané des renseignements ne s'applique pas seulement aux *décisions futures*, mais également aux *décisions passées,* qui concernent des années prises antérieures. Il a été convenu que les renseignements sur les décisions ayant été rendues le 1er janvier 2010 ou ultérieurement et qui avaient toujours effet au 1 janvier 2014 devaient être échangés.

127. Afin d'échanger avec les pays pertinents mentionnés dans la section III ci-dessus, les juridictions doivent pouvoir identifier les parties apparentées, la société mère ultime ou la société mère immédiate et/ou le bénéficiaire effectif ultime, le cas échéant. Pour les décisions passées, dans de nombreux cas (par exemple pour les APP unilatéraux et les autres décisions transnationales en matière de prix de transfert), une grande partie des renseignements sont disponibles, particulièrement au sujet des parties apparentées. En outre, les renseignements relatifs aux entités mères ultimes et immédiates se trouveront typiquement en possession de l'administration fiscale. Toutefois, cela peut ne pas être pas le cas pour l'ensemble des parties apparentées concernées, par exemple, dans le cadre de décisions liées aux régimes de PI ou lorsqu'un APP a pour objet la méthodologie en matière de prix de transfert plutôt que des transactions spécifiques. Dans ces cas-là, les pays pourraient ne pas avoir identifié systématiquement les parties apparentées réalisant les transactions.

128. Lorsqu'une décision ne contient pas les informations suffisant à identifier l'ensemble des pays pertinents avec lesquels l'échange de renseignements doit avoir lieu, les pays ne sont pas tenus de contacter le contribuable, mais doivent plutôt faire tout leur possible pour déterminer le pays avec lequel les renseignements afférents à la décision doivent être échangés. Cela nécessite de la part d'une administration fiscale qu'elle vérifie les informations dont elle dispose (par exemple, dans les décisions ou dans le dossier complet du contribuable), y compris toute documentation pertinente en matière de prix de transfert. Lorsque lesdits renseignements ne se trouvent pas en possession de l'administration fiscale, mais qu'ils sont facilement récupérables par celle-ci auprès de diverses sources (par exemple, un système de registre du commerce), il est attendu des administrations fiscales qu'elles orientent leurs efforts dans cette direction.

Décisions futures

129. Pour les décisions futures, les pays doivent prendre les mesures nécessaires en vue d'assurer qu'ils ont ou sont en mesure d'obtenir les renseignements permettant l'identification des pays avec lesquels l'échange de renseignements doit avoir lieu. Pour les décisions futures, cela pourrait signifier que les pays devront modifier leurs pratiques en matière de décision, afin d'obliger les contribuables à fournir les renseignements dans le cadre du processus relatif à la décision. Étant donné qu'il peut être nécessaire que les pays rendant les décisions mentionnées au présent rapport modifient leurs pratiques dans ce domaine, seront considérées comme futures les décisions rendues après le 1er avril 2016.

V. Renseignements concernés par l'échange

130. Un autre aspect des travaux du FHTP consiste à trouver un équilibre, afin d'assurer une plus grande transparence sans placer une charge administrative trop lourde sur les administrations fiscales. Dans cette optique, il a été convenu d'un processus en deux étapes afin d'échanger les renseignements. Au cours d'une première étape, l'administration fiscale fournit une synthèse ainsi que certaines informations de base relatives à la décision. Pour ce faire, le modèle mentionné à l'annexe C [12] est utilisé. L'utilisation d'un modèle commun rationalise et simplifie le processus.

131. Les renseignements requis afin de remplir le modèle apportent essentiellement des informations sur le processus décisionnel qui doit être engagé par l'administration fiscale ayant rendu la décision, afin de déterminer *(i)* si la décision est concernée par le cadre; et *(ii)* le pays avec lequel les renseignements doivent être échangés. Le format utilisé contient principalement des entrées numériques ou des cases à cocher incluant des menus déroulants, lorsqu'une version électronique est utilisée. Cette approche est donc conçue pour limiter la charge ou les délais supplémentaires pour les administrations fiscales émettrices tout en servant de filtre utile, facilement compréhensible dans toutes les langues, sur la base duquel les administrations fiscales destinataires peuvent déterminer s'il y a lieu de demander la décision en elle-même, ce qui peut être fait dans un second temps.

VI. Questions pratiques relatives à la mise en place

132. Le rapport d'étape de 2014 anticipait que le cadre énoncé dans le dit rapport serait appliqué suite à la réunion du FHTP d'automne 2014. Toutefois, l'application du cadre pour l'échange obligatoire et spontané de renseignements n'a pas encore commencé car l'ajout de catégories de décisions augmente le volume de renseignements devant être échangés. Une plus grande attention a donc dû être apportée au processus de mise en place et aux problèmes pratiques y afférents décrits ci-après.

Méthode d'échange pour les décisions futures – échange de façon régulière

133. Lorsqu'un pays a pris une décision soumise à l'obligation d'échange spontané de renseignements, il doit échanger les renseignements concernant cette décision avec tout pays affecté dès que possible, et pas plus de trois mois après la date à laquelle la décision est mise à la disposition de l'autorité compétente du pays qui l'a prise. Les pays doivent également mettre en place des systèmes appropriés afin de garantir que les décisions soient transmises à leurs autorités compétentes sans retard injustifié.

134. Toutefois, lorsqu'un retard est causé par un obstacle d'ordre juridique (par exemple, à cause d'une condition légale qui demande que soit notifié le contribuable, d'un appel interjeté par le contribuable s'opposant à l'échange de renseignements ou toute autre procédure judiciaire), la limite de trois mois est étendue, mais le pays concerné doit procéder à l'échange sans délai injustifié une fois que l'obstacle juridique a cessé d'exister.

Méthode pour les décisions passées

135. Les renseignements sur les décisions passées rendues à compter du 1er janvier 2010 et qui sont toujours en vigueur au 1er janvier 2014 doivent également être échangés. Cela s'applique également aux décisions qui ont été modifiées durant cette période. Ce processus doit être terminé pour la fin de l'année 2016[13]. Les pays peuvent appliquer une approche par étapes pour l'échange de décisions passées s'ils le désirent, sous réserve que ledit échange de renseignements soit réalisé avant la fin 2016.

VII. Réciprocité

136. La réciprocité en matière d'échange de renseignements présente un certain nombre d'avantages. Toutefois, ces avantages ne jouent pas quand le système législatif ou la pratique administrative d'un seul pays prévoit une procédure spécifique. De la même façon, un pays qui a rendu une décision tombant sous le coup de l'obligation d'échange spontané de renseignements ne peut invoquer l'absence de réciprocité pour ne pas procéder à cet échange avec un pays affecté, lorsque le pays affecté ne prend pas, et ne peut donc échanger, de décisions qui pourraient déclencher l'obligation d'échange spontané de renseignements[14]. Cela suppose naturellement que le pays affecté s'engage à appliquer le cadre et à échanger spontanément des renseignements s'il venait à prendre des décisions déclenchant l'obligation d'échange spontané.

VIII. Confidentialité des renseignements échangés

137. Le pays échangeant les renseignements et ses contribuables disposent tous les deux du droit d'exiger que les renseignements échangés en vertu du cadre restent confidentiels. Le pays destinataire doit donc disposer du cadre légal afin de protéger les renseignements échangés.

138. Tous les traités et instruments d'échange de renseignements contiennent des dispositions relatives au secret fiscal et à l'obligation de garantir la confidentialité des renseignements échangés. En vertu de ces dispositions, les renseignements peuvent uniquement être utilisés à certaines fins précises et divulgués à certaines personnes identifiées. Les partenaires lors de l'échange de renseignements peuvent suspendre ou limiter le champ d'application de l'échange de renseignements si les mesures de protection adéquates ne sont pas en place ou en cas de violation de la confidentialité à l'égard de laquelle ils estiment que la solution apportée n'est pas satisfaisante.

139. Au niveau national, des lois doivent être en vigueur dans le pays destinataire afin de protéger la confidentialité des informations fiscales, ce qui inclut les renseignements échangés. Des sanctions efficaces doivent s'appliquer pour toute divulgation non autorisée des renseignements confidentiels échangés.

140. Les informations échangées conformément au présent cadre peuvent uniquement être utilisées à des fins fiscales ou à toute autre fin autorisée par les instruments d'échange des

renseignements pertinents. Si, au niveau national, la loi autorise une utilisation plus large des renseignements que ce qui est permis par ledit instrument applicable, il est prévu que les dispositions et instruments internationaux prévaudront sur toute disposition du droit national.

IX. Meilleures pratiques [15]

141. Les meilleures pratiques suivantes ont pour objet de renforcer les progrès de la transparence dans le cadre de l'OCDE, pour l'échange spontané obligatoire de renseignements sur les décisions. Elles s'appliquent à la fois aux décisions d'ordre général mais également aux décisions transnationales spécifiques au contribuable [16], sauf dans le cas où les distinctions adéquates sont opérées entre décisions spécifiques au contribuable, APP et décisions générales. Lorsqu'aucune distinction n'est opérée, les meilleures pratiques s'appliquent à l'ensemble des décisions transnationales correspondant à la définition du terme, mentionnée au présent chapitre [17].

A. Processus de délivrance d'une décision

a. Les règles officielles et les procédures administratives relatives aux décisions doivent être déterminées à l'avance et publiées et doivent inclure : *(i)* les conditions pour l'applicabilité du processus lié à la décision ; *(ii)* les motifs permettant de refuser une décision ; *(iii)* la structure tarifaire, le cas échéant ; *(iv)* les conséquences juridiques liées à l'obtention d'une décision ; *(v)* les sanctions possibles en cas d'informations fausses ou incomplètes envoyées par le contribuable ; *(vi)* les conditions de révocation, d'annulation ou de révision d'une décision ; et *(vii)* toute autre recommandation réputée nécessaire afin de rendre les règles suffisamment compréhensibles et claires pour les contribuables et leurs conseillers.

b. Les décisions fiscales doivent être rendues et tous pouvoirs discrétionnaires sur le plan administratif dans la délivrance de la décision doivent être exercés, uniquement dans les limites et en vertu des procédures administratives et de la législation fiscale nationales et doivent se limiter à indiquer la façon dont la législation et/ou toute procédure administrative s'applique à une ou plusieurs opérations spécifiques ou transactions prévues, planifiées ou entreprises par le contribuable.

c. Les décisions fiscales doivent respecter les obligations internationales applicables incluses dans le droit fiscal national, par exemple, les obligations découlant de traités bilatéraux.

d. Les décisions fiscales doivent être rendues par écrit.

e. Les décisions fiscales peuvent uniquement être rendues par les organismes gouvernementaux compétents ou l'autorité en charge de cette tâche. Lorsqu'une décision est rendue par un organisme gouvernemental différent, l'accord préalable de l'autorité compétente doit être obtenu.

f. Il est conseillé qu'au moins deux fonctionnaires participent à l'octroi de la décision ou que celle-ci fasse l'objet d'un processus de contrôle en deux étapes, particulièrement dans les cas pour lesquels les règles et procédures administratives applicables font référence de façon explicite à la discrétion ou à l'exercice du jugement de l'un desdits fonctionnaires.

g. Les décisions fiscales engagent l'autorité fiscale (dans les limites permises par le droit national[18]), sous réserve que la législation et les procédures administratives applicables, ainsi que les informations factuelles sur lesquelles se base la décision, ne changent pas après son octroi.

h. Les contribuables doivent demander l'octroi d'une décision par écrit et fournir une description complète des opérations et transactions relatives à la demande. Les renseignements doivent être inclus dans un dossier accompagnant la demande de décision (le « dossier joint à la demande »). Le dossier joint à la demande doit inclure des renseignements sur les méthodes et faits afin de permettre à l'autorité fiscale de déterminer les éléments clés (p. ex. prix de transfert, marges, taux d'intérêt, marges bénéficiaires). Une documentation très précise sera souvent demandée pour les APP ou toute autre décision relative aux prix de transfert. Toutes informations supplémentaires ou tous faits pertinents transmis à l'autorité fiscale (p. ex. lors des réunions ou de présentations orales) doivent être établis par écrit et inclus dans le dossier joint à la demande.

i. Les renseignements concernant le demandeur (et notamment, le nom du contribuable, sa résidence fiscale, son numéro d'identification fiscale, les numéros d'immatriculation au registre du commerce pour les sociétés et entreprises) et le conseiller/consultant fiscal participant doivent être inclus dans le dossier joint à la demande et/ou la décision elle-même.

j. Avant de prendre une décision, la ou les personnes rendant la décision doivent vérifier si les faits et circonstances sont suffisants et justifient le résultat prévu par l'octroi de la décision. Ces personnes doivent également contrôler si les résultats produits par la décision sont cohérents comparés à toute autre décision précédente relative à des questions juridiques et circonstances factuelles similaires.

B. Conditions de la décision et procédure d'audit/de contrôle ultérieur

a. Les APP doivent être établis pour une période donnée et leur renouvellement soumis à un contrôle préalable.

b. Les contribuables doivent signaler à l'autorité fiscale tout changement important dans les faits ou circonstances sur lesquels se base une décision spécifique à un contribuable (APP y compris) aussi vite que possible, afin que celle-ci puisse évaluer si ces renseignements doivent être échangés avec un autre pays. Dans le cadre de ce processus de notification, les contribuables doivent transmettre à leur autorité fiscale tout changement important affectant les parties apparentées avec lesquelles ils procèdent à des transactions (pour les transactions couvertes par la décision), ainsi que tout autre changement ayant un impact sur les destinataires de l'échange de renseignements.

c. Des procédures administratives efficaces doivent être en place pour vérifier périodiquement que les informations factuelles sur lesquelles se base la décision et les hypothèses émises lors de l'octroi de la décision au contribuable restent pertinentes lors de l'ensemble de sa période de validité. Ceci est particulièrement nécessaire pour les APP, pour lesquels toute hypothèse ou décision sous-jacente peut être affectée par un changement de la situation économique.

d. Les décisions doivent être révisées, révoquées ou annulées, le cas échéant, dans les circonstances suivantes :

1. Si le contribuable fait une fausse déclaration ou une erreur lors de sa demande de décision, remettant en question la validité de la décision ;
2. Si les lois applicables changent ;
3. En cas de changement important et significatif *(i)* dans les faits ou circonstances sur lesquels se base la décision ou *(ii)* dans la validité des hypothèses émises.

C. Publication et échange de renseignements

a. Les décisions d'ordre général doivent être publiées et facilement consultables par les autres administrations fiscales et contribuables. Les décisions d'ordre général doivent idéalement être publiées sur le site de l'administration fiscale. Si la décision n'est pas publiée en intégralité, le site internet doit contenir des résumés accompagnés de liens à partir desquels l'intégralité de la décision est consultable. La décision d'ordre général publiée doit également être accompagnée d'un court aperçu, rédigé dans l'une des langues officielles de l'OCDE. La publication doit avoir lieu aussi rapidement que possible suite à l'octroi de la décision et, si possible, dans un délai de 6 mois.

b. Pour les décisions spécifiques à un contribuable rentrant dans le cadre de l'OCDE pour l'échange obligatoire et spontané des renseignements ou tout autre engagement d'échange de renseignements applicable (p. ex. en vertu du droit européen ou de traités bilatéraux), l'autorité concernée doit transmettre ladite décision à son autorité compétente sans retard indu, afin que ladite autorité compétente puisse échanger les renseignements relatifs à la décision avec tout pays concerné aussi rapidement que possible et pas plus de trois mois suivant la date d'obtention de ladite décision (sous réserve de tout obstacle d'ordre juridique).

Notes

1. Pour plus d'information sur la MAC, voir : www.oecd.org/fr/fiscalite/echange-de-renseignements-fiscaux/conventionconcernantlassistanceadministrativemutuelleenmatierefiscale.htm.

2. Cette définition a été inclue dans le chapitre V de la NAC, ainsi que dans le rapport d'étapes de 2014.

3. Sous forme anonyme ou expurgée, ces décisions entrent dans la catégorie des « décisions à caractère général », à moins d'avoir été formulées en réponse à une demande d'un contribuable. Bien sûr, sous forme non anonyme et quand elles n'ont pas été expurgées, elles entrent dans la catégorie des « décisions spécifiques à des contribuables ».

4. Les APP peuvent être utilisés afin de déterminer l'attribution des profits conformément à l'article 7 du modèle de convention fiscale de l'OCDE (OCDE, 2014b), ainsi que le prix de transfert entre les entreprises associées. Lesdits APP entrent également dans la définition de la « décision », aux fins de l'obligation d'échange spontané relative aux décisions.

5. Voir la définition de l'APP dans la première phrase du paragraphe 4.123 des principes des PT.

6. Voir le paragraphe 3 de l'annexe au chapitre IV des principes des PT.

7. La législation et la pratique administrative incluent les dispositions de loi (y compris les dispositions applicables des conventions), la jurisprudence, les règlements, ainsi que les instructions et la pratique administratives.

8. Voir la section III de ce chapitre.

9. Voir le paragraphe 152 de la NAC.

10. Voir le paragraphe 153 de la NAC.

11. Les pays ne disposant pas actuellement du cadre légal nécessaire à l'échange spontanée de renseignements à l'égard des décisions mentionnées au présent chapitre doivent le mettre en place afin de se conformer aux obligations en vertu de l'action 5. Dans ce cas, les délais figurant à la présente section sont soumis à l'adoption par le pays dudit cadre légal. Ce procédé prend également en compte l'entrée en vigueur et la date d'effet relatives à l'application des dispositions des instruments d'échange des renseignements concernés.

12. L'OCDE convertira le modèle en un schéma au format XML, accompagné d'un guide d'utilisateur pouvant être utilisé pour des transferts de modèles plus importants.

13. Concernant le calendrier contenu à la présente section, voir la note 11.

14. Voir le paragraphe 15.1 de la mise à jour 2014 du Modèle OCDE de convention fiscale, qui pose le principe dans le contexte de l'échange de renseignements sur demande.

15. Afin de se conformer aux meilleures pratiques, des changements dans la législation nationale ou les pratiques actuelles en matière de décision peuvent être requises.

16. Dans la section des meilleures pratiques, l'ensemble des références faites aux décisions d'ordre général incluent également les décisions d'ordre général transnationales. Une décision sera considérée transnationale lorsqu'elle rentre dans l'une des six catégories mentionnées dans le tableau de la section III.

17. Voir le paragraphe 95 ci-dessus qui renvoie à la définition d'une « décision ».

18. Les décisions fiscales ne sont pas contraignantes lorsque l'autorité fiscale a interprété ou appliqué la loi de façon erronée, lorsque la décision a été rendue au moyen d'un préavis écrit n'ayant d'effet que pour l'avenir ou lorsque la décision s'oppose aux obligations internationales du pays.

Bibliographie

Union Européenne (2011), directive du Conseil 2011/16/UE du 15 février 2011. http://eur-lex.europa.eu/legal-content/fr/TXT/PDF/?uri=CELEX:32011L0016&from=EN (dernier accès le 18 janvier 2016).

OCDE (2014a), *Lutter plus efficacement contre les pratiques fiscales dommageables en tenant compte de la transparence et de la substance*, OCDE. http://dx.doi.org/10.1787/9789264225305-fr.

OECD (2014b), *Modèle de convention fiscale concernant le revenu et la fortune : Version abrégée 2014*, OCDE. http://dx.doi.org/10.1787/mtc_cond-2014-fr.

OCDE (2010a), *La Convention multilatérale concernant l'assistance administrative mutuelle en matière fiscale, Amendée par le Protocole de 2010, OCDE.* http://dx.doi.org/10.1787/9789264115682-fr.

OCDE (2010b), *Principes de l'OCDE applicables en matière de prix de transfert à l'intention des entreprises multinationales et des administrations fiscales 2010*, OCDE. http://dx.doi.org/10.1787/tpg-2010-fr.

OCDE (2004), *Note d'application consolidée : Indications pour l'application du Rapport de 1998 aux régimes fiscaux préférentiels*, OCDE. www.oecd.org/fr/ctp/dommageables/30901141.pdf.

OCDE (2001), *Towards Global Tax Co-operation : Progress in Identifying and Eliminating Harmful Tax Practices*, OCDE. http://dx.doi.org/10.1787/9789264184541-en.

OCDE (1998), *Concurrence fiscale dommageable : Un problème mondial*, OCDE. http://dx.doi.org/10.1787/9789264262942-fr.

Chapitre 6

Examen des régimes des pays membres et des pays associés

I. Introduction

142. L'examen actuel des régimes des pays membres a commencé à la fin de l'année 2010 par la préparation d'une enquête préliminaire sur les régimes fiscaux préférentiels des pays membres, à partir des informations publiquement disponibles et sans que l'on porte de jugement sur leur caractère éventuellement dommageable. D'autres régimes ont été ensuite ajoutés pour être examinés; ils ont été soumis par les États membres qui les pratiquent eux-mêmes et par d'autres États membres.

143. Il a été demandé à chaque État membre de décrire ses régimes et d'effectuer un auto-examen au moyen d'un modèle standard. Les auto-examens ont été suivis d'une analyse approfondie et d'examens par les pairs. Ces derniers se sont basés sur les principes et les facteurs énoncés dans le Rapport de 1998 (OCDE, 1998) et, lorsque c'était nécessaire, sur des considérations économiques. Avec l'adoption du plan d'action BEPS (OCDE, 2013), les pays du G20 ont rejoint les pays membres de l'OCDE sur un pied d'égalité dans le cadre des travaux du FHTP. Le champ d'application des examens a été élargi afin de couvrir à la fois les pays membres et associés et a été mis en œuvre comme suit :

- Régimes de PI : Comme tous les régimes applicables à la propriété intellectuelle des pays membres et associés ont été examinés ensemble, ils ne l'ont pas seulement été en fonction des facteurs appliqués précédemment, mais aussi du facteur d'activité substantielle décrit dans le chapitre 4 du présent Rapport.
- Régimes ne relevant pas de la PI : L'examen actuel ayant commencé avant la publication du Plan d'action BEPS, tous les régimes des pays membres et associés ont été évalués au regard des facteurs appliqués précédemment, en vue d'appliquer une approche cohérente à des régimes similaires, tels que ceux des sociétés holdings. Concernant les régimes ne relevant pas de la PI, le facteur d'activité substantielle n'a pas encore été appliqué, mais le FHTP l'a planifié.
- Décisions : Le FHTP a convenu d'un cadre appliqué aux décisions rendues par les pays membres et associés.

144. Les différents aspects des travaux du FHTP entraînent des exigences variées pour les pays en fonction de régimes spécifiques. Par exemple, même si un régime de PI est conforme à l'approche du lien énoncée au chapitre 4, un pays est toujours tenu d'échanger les renseignements liés à toute décision relative à ce régime en vertu du cadre défini au chapitre 5.

II. Conclusions sur les régimes infranationaux et sur les circonstances dans lesquelles ils relèvent des travaux du FHTP

145. Au cours de l'examen actuel, la question s'est posée de savoir si les régimes infranationaux qui n'offrent des avantages fiscaux qu'à ce niveau sont du ressort des travaux du FHTP. Sachant que le facteur d'entrée de taux d'imposition effectif nul ou peu élevé tient compte de la conjonction des taux d'imposition effectifs à l'échelon national et infranational, un régime infranational ne relève pas des travaux du FHTP si le taux d'imposition à l'échelon national ou infranational ne satisfait pas de lui-même au critère d'imposition effectif nul ou peu élevé.

146. Toutefois, le rapport de 1998 n'exclut pas par principe les régimes infranationaux du champ des travaux du FHTP et rien dans l'histoire des travaux du FHTP ne saurait être interprété comme tel. En outre, compte tenu de l'objectif plus vaste du rapport de 1998 qui est d'établir des « règles du jeu équitables »[1] il serait incohérent d'exclure uniquement du champ des travaux du FHTP les régimes offrant des bénéfices fiscaux au niveau infranational, particulièrement lorsque le taux d'imposition au niveau infranational représente (ou pourrait représenter, dans le cas d'un taux à caractère discrétionnaire) une part significative du taux d'imposition combiné effectif. Dans cet esprit, le FHTP a convenu d'inclure les régimes infranationaux dans le champ d'application de ses travaux lorsque les deux critères suivants sont satisfaits :

a. Le gouvernement national est le responsable en dernier ressort de la conception générale du régime concerné et ne laisse à l'autorité infranationale qu'une latitude limitée pour décider ou non d'instituer le régime et/ou ses principales caractéristiques. La justification est que, dans un tel cas, il n'y a pas de différence fondamentale entre le régime concerné et les régimes institués à l'échelon national ;

b. Le taux d'imposition à l'échelon infranational représente (ou pourrait représenter, s'il est discrétionnaire) une proportion significative du taux d'imposition total et le taux d'imposition effectif total pour les deux niveaux satisfait au facteur de taux d'imposition effectif nul ou peu élevé.

III. Conclusions sur les régimes examinés

147. La procédure d'examen du FHTP porte sur les 43 régimes préférentiels suivants. Les tableaux 6.1 et 6.2 identifient le pays et le nom du régime et fournissent la conclusion qui a été tirée.

Tableau 6.1. **Régimes de PI**

	Pays	Régime	Conclusion
1.	Belgique	Déduction pour les revenus de brevets	Voir le paragraphe suivant le tableau.
2.	République populaire de Chine	Taux réduit pour les entreprises de hautes et nouvelles technologies	
3.	Colombie	Régime pour les logiciels	
4.	France	Taux réduit pour les plus-values à long terme et pour les bénéfices des concessions de licence d'exploitation de droits de la PI	
5.	Hongrie	Régime de PI pour les redevances et les plus-values	
6.	Israël	Régime préférentiel de certains revenus de sociétés	

	Pays	Régime	Conclusion
7.	Italie	Régime applicable aux brevets	Voir le paragraphe suivant le tableau.
8.	Luxembourg	Exonération partielle des revenus/des plus-values produits par certains droits de PI	
9.	Pays-Bas	Régime applicable aux innovations	
10.	Portugal	Exonération partielle des revenus de certains biens incorporels	
11.	Espagne	Exonération partielle des revenus de certains biens incorporels	
12.	Espagne – pays basque	Exonération partielle des revenus de certains biens incorporels	
13.	Espagne – Navarre	Exonération partielle des revenus de certains biens incorporels	
14.	Suisse – Canton de Nidwald	Régime pour les produits de licences	
15.	Turquie	Zones de développement technologique	
16.	Royaume-Uni	Régime applicable aux brevets	

148. Les régimes de PI mentionnés dans le tableau 6.1 ont tous été examinés en vertu des critères du rapport de 1998 et du facteur d'activité substantielle. Ces régimes ne sont pas conformes, en tout ou partie, avec l'approche du lien décrite dans le présent rapport. Cela montre que, contrairement à d'autres aspects des travaux relatifs aux pratiques fiscales dommageables, les modalités de cette approche n'ont été arrêtées que lors de la création de ce rapport, alors que les régimes ont été mis en place antérieurement. Les pays disposant de régimes comparables vont procéder à un examen des possibles modifications à apporter aux dispositions concernées[2]. Lorsque aucune modification n'est effectuée, le FHTP passera à l'étape suivante dans son processus d'examen.

Tableau 6.2. **Régimes ne relevant pas de PI**

	Pays	Régime	Conclusion
17.	Argentine	Régime promotionnel pour l'industrie des logiciels	Non dommageable
18.	Australie	Régime « applicable aux revenus réalisés par des non-résidents » (dit « Conduit foreign income regime »)	Non dommageable
19.	Brésil	PADIS – secteur des semi conducteurs	Non dommageable
20.	Canada	Régime de l'assurance-vie	Potentiellement mais pas effectivement dommageable
21.	Chine	Taux réduit pour les entreprises de technologies avancées	Non dommageable
22.	Colombie	Régime des investissements de portefeuille à l'étranger	Non dommageable[3]
23.	Grèce	Ingénierie et construction offshore	[modifié]
24.	Inde	Déduction à l'égard de certains revenus de services d'opérations bancaires offshore et de centres de services financiers internationaux	Non dommageable
25.	Inde	Dispositions spéciales relativement à de nouvelles entités établies dans des zones économiques spéciales	Non dommageable
26.	Inde	Dispositions spéciales relatives aux revenus des sociétés de transport – régime de taxation au tonnage	Non dommageable
27.	Inde	Imposition des bénéfices et gains des entreprises d'assurance vie	Non dommageable

	Pays	Régime	Conclusion
28.	Indonésie	Régime associé aux sociétés cotées	En cours d'examen
29.	Indonésie	Régime d'aide à l'investissement	En cours d'examen
30.	Indonésie	Régime des zones économiques spéciales	En cours d'examen
31.	Indonésie	Régime d'exonération fiscale	En cours d'examen
32.	Japon	Zones spéciales de compétitivité internationale	Non dommageable [4]
33.	Japon	Mesures pour promouvoir la recherche-développement	Non dommageable [5]
34.	Lettonie	Régime fiscal du transport maritime	Non dommageable
35.	Luxembourg	Sociétés de gestion de patrimoine familial	Non dommageable [6]
36.	Luxembourg	Régimes des sociétés d'investissement en capital à risque	Non dommageable [7]
37.	Afrique du Sud	Quartier général	Potentiellement mais pas effectivement dommageable
38.	Afrique du Sud	Exemption de revenus relativement aux navires utilisés dans le transport international	Non dommageable
39.	Suisse – au niveau cantonal	Régime des sociétés auxiliaires (auparavant dénommé régime des sociétés domiciliaires)	En cours de suppression [8]
40.	Suisse – au niveau cantonal	Régime des sociétés mixtes	En cours de suppression [9]
41.	Suisse – au niveau cantonal	Régime des sociétés holdings	En cours de suppression [10]
42.	Suisse – au niveau fédéral	Régime des sociétés commissionnaires	En cours de suppression [11]
43.	Turquie	Régime lié au transport	Non dommageable [12]

149. Le présent rapport donne également la signification d'activités substantielles dans le contexte des régimes ne relevant pas de la PI. Cependant, comme cela a été précédemment mentionné, ce critère n'a pas été appliqué aux régimes. Le FHTP va engager d'autres travaux afin de déterminer les situations dans lesquelles il peut être nécessaire de modifier les régimes au regard du critère convenu d'activité substantielle s'appliquant aux régimes ne relevant pas de la PI.

IV. Régimes relatifs aux zones désavantagées

150. Certains pays (p. ex. la Suisse [13] et la Lettonie [14]) ont mis en place des régimes d'avantages fiscaux destinés à encourager le développement de zones désavantagées. Bien qu'ils ne prévoient pas précisément un traitement préférentiel pour les revenus de PI, ils sont susceptibles d'inclure (ou de ne pas spécifiquement exclure) de tels revenus. Le FHTP a considéré que ces régimes, sous réserve qu'ils satisfassent à certaines conditions, ne posent pas un risque élevé d'érosion de la base d'imposition et de transfert des bénéfices. Cependant, ils doivent faire l'objet d'un suivi. Ces régimes ne feront pas l'objet d'un examen supplémentaire sauf en cas de signes d'effets économiques défavorables. Afin d'être considéré comme tel, un régime à faible risque applicable aux zones désavantagées doit satisfaire aux conditions cumulatives suivantes : *(i)* le traitement fiscal préférentiel est uniquement applicable à une zone relativement restreinte (en matière de surface et/ou de population), sélectionnée en raison du faible niveau régional de développement structurel, économique et social comparé au pays dans son ensemble ; *(ii)* le régime est principalement conçu pour créer de nouveaux emplois et attirer des investissements matériels et non des revenus de la PI et d'autres revenus mobiles ; *(iii)* une entité doit satisfaire à des exigences significatives en matière de substance afin d'accéder au traitement fiscal préférentiel (p. ex. elle doit attester de la création de nouveaux emplois, actifs et investissements) ; et

(iv) le pays accepte de conserver les données pertinentes (telles que le nombre d'entités bénéficiant du régime, leur secteur d'activité, et le montant agrégé des revenus exonérés) afin de permettre le suivi de l'impact du régime selon les différents critères établis par le FHTP.

V. Ajustement à la baisse

151. Le FHTP a examiné les régimes relatifs aux bénéfices excédentaires et au capital informel. Au regard desdits régimes, le FHTP a conclu que le problème principal était le manque de transparence. Il a donc été convenu qu'en plus de l'échange de renseignements sur les décisions relatives à des ajustements à la baisse, lesdits renseignements devaient également être échangés pour lesdits ajustements à la baisse opérés en l'absence de décision. Sur cette base, le FHTP a considéré qu'actuellement il n'était pas nécessaire d'examiner plus en profondeur ces régimes, mais qu'il serait approprié de suivre l'impact de l'échange de renseignements.

Notes

1. Voir paragraphe 8 du Rapport de 1998.
2. En raison de ses caractéristiques particulières, le régime chinois pour les hautes et nouvelles technologies se révèle souvent plus restrictif que l'approche du lien et les circonstances dans lesquelles les revenus déclarés en vertu de ce régime entraînent des bénéfices plus élevés que s'ils l'avaient été au moyen de l'approche du lien sont restreintes.
3. Le FHTP a formulé cette conclusion sans être parvenu à déterminer si le régime colombien relève de ses travaux.
4. Ce régime a été examiné avant l'approbation du Plan d'action BEPS.
5. Voir la note 4.
6. Voir la note 4.
7. Le FHTP a formulé cette conclusion sans être parvenu à déterminer si le régime luxembourgeois relève de ses travaux.
8. Le 5 juin 2015, le gouvernement suisse a soumis une loi au vote du parlement, proposant l'abolition du régime (et des trois régimes suivants). Selon le processus d'adoption des lois de la constitution/du parlement suisse, il est prévu que la nouvelle loi fédérale sera finalisée avant le 1er janvier 2017, suivie d'une période de deux ans afin que les 26 cantons puissent réviser leur législation en conséquence.
9. Voir la note 8.
10. Voir la note 8.
11. Voir la note 8.
12. Voir la note 4.
13. Mesures d'allégement de la Suisse pour les entreprises nouvelles créées ou restructurées.
14. Régime d'imposition de Lettonie relatif aux investissements des contribuables dans des zones économiques spéciales et des zones franches portuaires (zones économiques spéciales).

Bibliographie

OCDE (2013), *Plan d'action concernant l'érosion de la base d'imposition et le transfert de bénéfices*, OCDE. http://dx.doi.org/10.1787/9789264203242-fr.

OCDE (1998), *Concurrence fiscale dommageable : Un problème mondial*, OCDE. http://dx.doi.org/10.1787/9789264262942-fr.

Chapitre 7

Travaux supplémentaires du FHTP

152. Ce chapitre détaille les prochaines étapes des travaux du FHTP. Les prochaines étapes entrent dans trois grandes catégories : *(i)* le travail continu, comprenant le suivi des régimes préférentiels et l'application du cadre de transparence convenu, *(ii)* la poursuite du développement d'une stratégie visant à étendre la participation aux pays tiers, et *(iii)* les réflexions relatives à des révisions ou ajouts aux critères existants du FHTP.

I. Travail continu incluant le suivi

153. Les chapitres 4 et 5 mentionnent respectivement l'application de l'analyse de l'activité substantielle aux régimes préférentiels ainsi que le cadre pour des décisions d'une plus grande transparence. Les prochaines étapes dans ce domaine incluront ce qui suit :

- Régimes de PI : Le FHTP va suivre les régimes de la PI préférentiels et les pays devront tenir au courant le FHTP des progrès en matière de législation à l'égard des changements à y apporter. Les régimes de la PI listés dans le tableau 6.1 au chapitre 6 doivent être modifiés afin de se conformer à l'approche du lien (et, lorsque les juridictions décident de bénéficier des droits acquis, lesdits régimes doivent se conformer aux garanties associées aux droits acquis et aux nouveaux entrants énoncés au chapitre 4). Le suivi futur prendra en compte toute modification et en cas d'absence de modification des régimes de la PI existants, le FHTP passera à l'étape suivante du processus d'examen. Le chapitre 4 prévoit que, dans certaines circonstances, les pays peuvent autoriser l'utilisation du ratio du lien en tant que présomption réfragable. Dans ces circonstances, certaines formes de transparence et de suivi améliorées, mentionnées au chapitre 4, deviendront applicables et le FHTP suivra la mise en œuvre et l'application des exigences énoncées audit chapitre. Les juridictions doivent également informer le FHTP si elles fournissent des avantages en vertu de leurs régimes de la PI à la troisième catégorie d'actifs de la PI mentionnée au chapitre 4. Enfin, le chapitre 6 reconnaît que certains régimes conçus pour promouvoir le développement dans des zones désavantagées devront être suivis et que les pays devront conserver les données relatives aux sociétés en bénéficiant.
- Régimes ne relevant pas de la PI : Le FHTP suivra les régimes préférentiels ne relevant pas de la PI. Il faut toutefois faire remarquer que le critère d'activité substantielle a été uniquement appliqué aux régimes de la PI. Si certains pays ont des préoccupations quant au critère d'activité substantielle dans d'autres régimes préférentiels, ceux-ci devront également faire l'objet d'un contrôle en vertu du facteur d'activité substantielle.

Cadre de transparence : Le chapitre 5 propose un cadre d'amélioration de la transparence à l'égard des décisions. Les renseignements sur les décisions futures devront commencer à être échangés à partir du 1er avril 2016 et les pays auront jusqu'à la fin de l'année 2016 pour échanger des renseignements sur les décisions passées[1]. Un mécanisme de contrôle et de suivi continu sera mis en place afin d'assurer le respect par les pays des obligations d'échange spontané des renseignements en vertu du cadre. Ce processus impliquera un examen annuel de la part du FHTP, commençant au début de l'année 2017. Dans le cadre de ce processus, le FHTP évaluera également l'efficacité du cadre et examinera si le champ d'application des décisions couvertes et les renseignements fournis par les administrations fiscales concilient de façon appropriée un équilibre entre le besoin d'identifier les risques de BEPS et une charge administrative limitée pour les juridictions émettrices et destinataires. Dans le cadre du processus d'examen, les pays fournissant des décisions propres à un contribuable concernées par le cadre devront fournir des informations statistiques incluant ce qui suit : *(i)* le nombre total d'échanges spontanés envoyés en vertu du cadre, *(ii)* le nombre d'échanges spontanés envoyés par catégorie de décision et *(iii)* pour chaque échange, le ou les pays avec lesquels l'échange de renseignements a eu lieu. Les pays doivent également fournir les détails des cas pour lesquels ils n'ont pas disposé des renseignements permettant d'identifier l'ensemble des pays avec lesquels ils devaient procéder à un échange et ont donc appliqué une approche « au mieux ». Cette information devrait être répartie par catégorie de décision et inclure une brève description des efforts entrepris afin d'identifier les parties concernées.

II. Développement d'une stratégie afin d'étendre la participation des pays tiers

154. Le besoin d'une solution globale aux défis partagés est au cœur du projet BEPS. Pour cette raison, l'ensemble des pays de l'OCDE et du G20 ont travaillé sur un pied d'égalité avec la participation directe d'un nombre toujours plus important de pays en développement. L'action 5 du plan d'action BEPS (OCDE, 2013) a reconnu explicitement le besoin d'impliquer les pays tiers et a exigé du FHTP de développer une stratégie afin d'engager les pays non-membres du G20/de l'OCDE à participer aux travaux sur les pratiques fiscales dommageables. Cette approche est nécessaire afin d'assurer des règles de jeu équitables et d'éviter le risque que les pratiques fiscales dommageables soient simplement déplacées vers des pays tiers. Mais cette approche implique également la participation et l'engagement auprès des pays tiers, qu'ils disposent de régimes préférentiels ou soient concernés d'une quelconque autre façon par les travaux. Dans ce contexte, le FHTP est convenu des éléments suivants en vue d'un engagement stratégique avec les pays tiers :

- L'engagement du FHTP doit inclure les pays qui disposent de régimes préférentiels ainsi que les autres pays possédant un intérêt dans les travaux du FHTP.
- Dans le cadre de son engagement, le FHTP communiquera le but et les objectifs de ses travaux et établira le niveau de participation des pays tiers.
- Des travaux supplémentaires seront menés afin de mettre en place la stratégie d'engagement en 2016 dans le contexte de l'objectif plus vaste de la conception d'un cadre plus inclusif, visant à soutenir et à contrôler la mise en œuvre des mesures BEPS.

III. Considération de révisions ou d'ajouts aux critères actuels du FHTP

155. Le cadre actuel de traitement des régimes préférentiels est décrit au chapitre 3 et utilise quatre facteurs clés et huit autres facteurs afin de déterminer si un régime préférentiel est potentiellement dommageable. Deux des facteurs actuels (la transparence et l'activité substantielle) ont déjà été élaborés à la suite des travaux sur les premiers résultats de l'action 5. Les pays de l'OCDE et du G20 impliqués dans le FHTP considèrent par conséquent qu'il est trop tôt pour identifier de façon précise les domaines pour lesquels les critères existants pourraient se révéler insuffisants car l'impact des travaux sur la substance et la transparence ne peut être encore totalement évalué. En outre, les avantages liés à l'implication des pays tiers dans cet aspect du travail sont reconnus.

156. Toutefois, certains domaines ont été identifiés comme pouvant bénéficier de recherches ultérieures, une fois que le FHTP sera mieux à même d'identifier l'impact des autres résultats considérés dans le rapport. Ceux-ci incluent notamment le cinquième facteur mentionné dans le rapport de 1998 (OCDE, 1998) et l'application du facteur de cantonnement.

157. Le cinquième facteur pouvant aider à identifier des régimes préférentiels dommageables est la « définition artificielle de la base d'imposition ». Ce concept implique qu'au lieu d'offrir un taux d'imposition préférentiel, un pays peut attirer des revenus mobiles en ayant une définition plus restreinte de la base d'imposition, y soumettant ainsi moins de revenus. Afin d'y parvenir, il est possible d'exonérer certaines catégories de revenus ou de permettre des déductions pour des dépenses qui sont réputées avoir été engagées. Le rapport de 1998 souligne que lesdites mesures peuvent également manquer de transparence. Certains pays ont suggéré qu'une importance accrue devait être donnée à ce facteur à l'instar de ce qui avait été fait pour le douzième facteur; toutefois, le cadre de transparence énoncé au chapitre 5 résout de nombreuses questions relatives à la transparence posées par ces régimes.

158. Le cantonnement est l'un des facteurs clés du rapport de 1998 et s'applique *(i)* lorsqu'un régime exclut de façon explicite ou implicite les contribuables résidents de l'accès aux bénéfices qu'il offre ou *(ii)* lorsqu'il est implicitement ou explicitement défendu à une entité soumise au régime de mener des activités sur le marché national. Des recommandations supplémentaires sur le facteur du cantonnement sont contenues dans la NAC (OCDE, 2004), qui envisage que celui-ci puisse s'appliquer lorsque les conséquences fiscales d'une transaction uniquement nationale diffèrent en pratique de celles liées à une transaction transnationale. Dans ce contexte, il a été suggéré que l'application du facteur de cantonnement à ces scénarios pouvait être rendue plus clair.

Note

1. Les pays ne disposant pas actuellement du cadre légal nécessaire à l'échange spontané de renseignements à l'égard des décisions mentionnées au chapitre 5 doivent le mettre en place afin de se conformer aux obligations en vertu de l'action 5. Dans ce cas, le calendrier pour l'échange spontané de renseignements sur les décisions sera soumis au cadre légal du pays. Ceci prend également en compte l'entrée en vigueur et la date d'effet relatives à l'application des dispositions des instruments d'échange des renseignements concernés.

Bibliographie

OCDE (2013), *Plan d'action concernant l'érosion de la base d'imposition et le transfert de bénéfices*, Éditions OCDE. http://dx.doi.org/10.1787/9789264203242-fr.

OCDE (2004), *Note d'application consolidée : Indications pour l'application du Rapport de 1998 aux régimes fiscaux préférentiels*, OCDE. www.oecd.org/fr/ctp/dommageables/30901141.pdf.

OCDE (1998), *Concurrence fiscale dommageable : Un problème mondial*, Éditions OCDE. http://dx.doi.org/10.1787/9789264262942-fr.

Annexe A

Exemple de méthode de repérage et de suivi dans le cadre d'une mesure transitoire

1. En 2016, le pays P instaure un régime de PI qui prévoit des exigences en matière de repérage et de suivi. Le contribuable Q est une entreprise de technologie qui vend des produits utilisant des actifs de PI multiples qu'il a lui-même développés. Avant 2016, le contribuable Q n'effectuait de repérage et de suivi ni des dépenses ni des revenus par actif de PI ou par produit, mais il dispose des données relatives aux dépenses totales de R&D qu'il a lui-même engagées et à l'ensemble de ses dépenses d'externalisation à des parties liées et de ses coûts d'acquisition pour 2014 et 2015. Le contribuable Q peut donc procéder au repérage et au suivi par famille de produits à partir de 2016. Ses dépenses sont récapitulées dans le tableau ci-dessous.

Tableau A.1. **Dépenses du contribuable Q**

2014	Total des dépenses éligibles (dépenses de R&D engagées par le contribuable Q) : 5 000 Total des dépenses totales (dépenses de R&D engagées par le contribuable Q, dépenses d'externalisation à des parties liées et coûts d'acquisition) : 10 000
2015	Total des dépenses éligibles : 3 000 Total des dépenses totales : 3 000
2016	Total des dépenses éligibles : 2 000 Dépenses éligibles pour la famille de produits A : 400 Dépenses éligibles pour la famille de produits B : 1 600 Total des dépenses totales : 5 000 Dépenses totales pour la famille de produits A : 2 400 Dépenses totales pour la famille de produits B : 2 600
2017	Total des dépenses éligibles : 2 000 Dépenses éligibles pour la famille de produits A : 1 300 Dépenses éligibles pour la famille de produits B : 700 Total des dépenses totales : 3 000 Dépenses totales pour la famille de produits A : 2 000 Dépenses totales pour la famille de produits B : 1 000
2018	Dépenses éligibles pour la famille de produits A : 800 Dépenses éligibles pour la famille de produits B : 200 Dépenses totales pour la famille de produits A : 800 Dépenses totales pour la famille de produits B : 800

2. Si le pays P autorise l'utilisation d'une moyenne de trois ans comme une mesure transitoire, le ratio de lien sera calculé comme suit : en 2016, le contribuable Q calcule le ratio de lien à partir d'une moyenne de toutes ses dépenses de R&D sur trois ans. Le ratio pour 2016 est donc de 10 000/18 000 avant application de la majoration. Pour le calcul de la moyenne sur trois ans, le ratio n'inclut aucune dépense encourue avant 2014, même si les activités de R&D pour créer l'actif de PI Q ont commencé avant cette date, et il comprend la totalité des dépenses car, en 2016, le contribuable Q n'a pas commencé à procéder au repérage et au suivi par famille de produits. Il commence alors le repérage et le suivi des dépenses engagées pour la poursuite du développement de l'actif de PI Q. En 2017, le contribuable Q calculera de nouveau le ratio de lien à partir d'une moyenne de toutes ses dépenses de R&D car il ne disposera pas encore de trois ans de suivi des dépenses par famille de produits. Le ratio pour 2017 est donc de 7 000/11 000 avant application de la majoration. En 2018 et au cours des années suivantes, le contribuable Q effectuera une transition vers une approche cumulée basée sur les dépenses par famille de produits puisqu'il disposera alors d'un suivi par famille de produits. Le ratio pour la famille de produits A en 2018 sera donc 2 500/5 200 avant application de la majoration, et toutes les dépenses éligibles et totales ultérieures pour la famille de produits A seront ajoutées à ce ratio les années suivantes. Le ratio pour la famille de produits B en 2018 sera 2 500/4 400 avant application de la majoration, et toutes les dépenses éligibles et totales ultérieures pour la famille de produits B seront ajoutées à ce ratio les années suivantes.

3. La présente annexe présente un seul exemple de la manière dont une mesure transitoire pourrait être conçue pour veiller à ce que les contribuables disposent de suffisamment de temps pour s'adapter aux obligations de repérage et de suivi tout en respectant les principes généraux de l'approche du lien. Le pays P pourrait, par exemple, prévoir l'utilisation d'une moyenne sur cinq ans qui permettrait alors au contribuable Q de calculer le ratio de lien en incluant la totalité des dépenses éligibles et totales en 2019 et 2020 ainsi qu'en 2016, 2017 et 2018.

Annexe B

Échange spontané sur des décisions spécifiques au titre du cadre

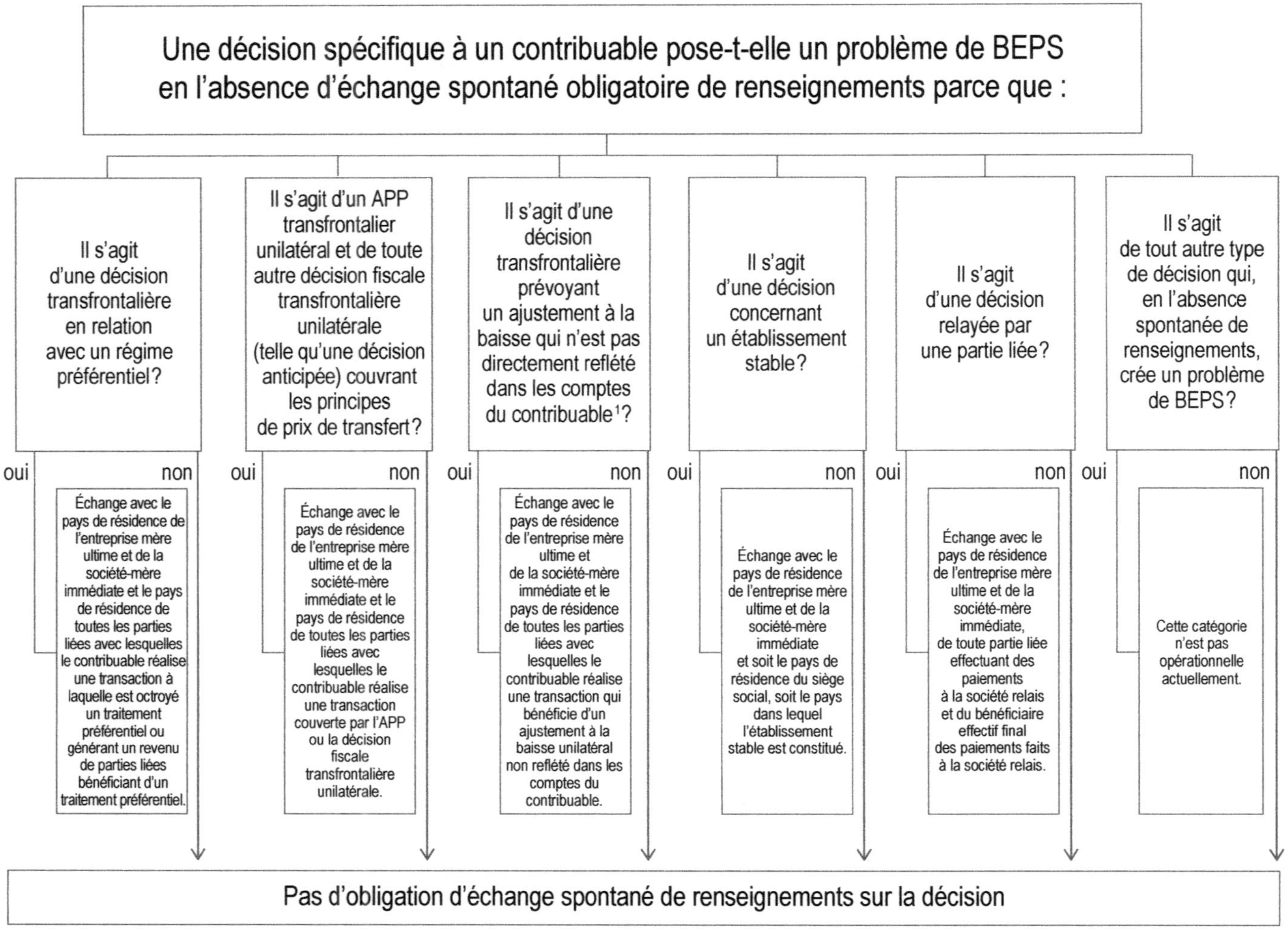

1. Comme expliqué au paragraphe 122, il est convenu que dans certaines circonstances, les renseignements seront fournis à d'autres autorités fiscales pertinentes même en l'absence de décision.

Annexe C

Modèle et fiche d'informations pour l'échange de renseignements

Tous les champs sont obligatoires sauf indication contraire.

1. Numéro de référence de la décision, le cas échéant.

2. Identification du contribuable et le cas échéant du groupe de sociétés auquel il appartient.

Numéro d'identification du contribuable (NIF) ou autre numéro de référence fiscal		
Dénomination sociale de l'entité		
Adresse	**Rue**	
	Bâtiment (facultatif)	
	Suite (facultatif)	
	Étage (facultatif)	
	Nom du district (facultatif)	
	Boîte postale (facultatif)	
	Code postal	
	Ville	
	Pays	
	État/Province/Canton (facultatif)	
Principal domaine d'activité du contribuable (facultatif)		
Nom des entreprises du groupe d'EMN, si différent		

3. Date d'émission.

4. Périodes/exercices comptables couverts par la décision.

5. Type de décision rendue. Veuillez cocher la case appropriée.

Relative à un régime préférentiel	❐
APP unilatéral ou autre décision de PT	❐
Décision d'ajustement à la baisse	❐
Décisions relatives aux ES	❐
Décisions relatives aux intermédiaires	❐

6. Informations supplémentaires relatives à la décision et au contribuable (facultatif).

Montant de la transaction, le cas échéant	
Chiffre d'affaires annuel de l'entité	
Bénéfice de l'entité	

7. Résumé de la question traitée par la décision, fourni, dans l'idéal, dans l'une des langues officielles de l'OCDE ou toute autre langue ayant fait l'objet d'un accord bilatéral. Lorsque ce n'est pas possible, ledit résumé peut être produit dans la langue de la juridiction émettrice.

8. Motif de l'échange avec la juridiction destinataire.

Société mère ultime	❐
Société mère immédiate	❐
Partie apparentée avec laquelle le contribuable conclut une transaction à l'égard de laquelle un traitement préférentiel est accordé ou qui donne lieu à des revenus en bénéficiant.	❐
Partie apparentée avec laquelle le contribuable conclut une transaction couverte par la décision	❐
Partie apparentée effectuant des paiements à un intermédiaire (directement ou indirectement)	❐
Bénéficiaire effectif ultime d'un revenu afférent à un accord avec un intermédiaire	❐
Siège social de l'établissement stable /pays de l'ES	❐

9. Coordonnées des entités dans la juridiction destinataire

	Nom de l'entité	Adresse	NIF ou autre numéro de référence fiscal, le cas échéant
1.			
2.			
3.			
...			

Fiche d'instructions pour le modèle sur l'échange de renseignements sur les décisions

Tous les champs sont obligatoires sauf indication contraire.

1. Numéro de référence de la décision, le cas échéant.

Le numéro de référence de la décision, le cas échéant.

2. Identification du contribuable et, le cas échéant, du groupe de sociétés auquel il appartient.

Cette case inclut l'ensemble des renseignements nécessaires afin d'identifier le contribuable et de déterminer ses liens avec un groupe d'EMN. Conformément au bloc « Partie organisatrice » de la NCR, les champs suivants sont requis : ***Le numéro d'identification fiscal (NIF) ou tout autre numéro de référence fiscale, la dénomination sociale de l'entité*** (c.-à-d. le nom du contribuable), et ***l'adresse.*** Dans le champ adresse, seuls la « rue », le « code postal », la « ville » et le « pays » où le contribuable est enregistré doivent être obligatoirement renseignés.

Le champ ***principal domaine d'activité du contribuable*** est facultatif et s'apparente à un menu déroulant contenant une liste prédéfinie de codes de secteurs, lorsqu'il est utilisé dans une application équipée d'une telle fonctionnalité.

Nom du groupe EMN, si différent a pour objet de fournir des renseignements sur les liens unissant le contribuable au groupe d'EMN auquel il appartient. Dans certains cas, le nom de la filiale peut différer du nom du groupe de EMN, rendant l'identification des liens entre le contribuable et le groupe de EMN plus difficile.

3. Date d'émission.

La date à laquelle la décision a été émise doit être insérée dans la case. Il s'agira généralement de la date figurant sur la décision ou, dans certains pays où la décision est conservée par l'administration fiscale, de la date mentionnée sur toute confirmation écrite envoyée au contribuable.

4. Périodes/exercices comptables couverts par la décision.

Cette case peut disposer d'un menu déroulant dans lequel figurent les périodes/ exercices fiscaux couverts par la décision.

5. Type de décision rendue.

Ces cases donnent des renseignements sur le type de décision qui doit être échangé. Toutes les cases nécessaires doivent être cochées. Par exemple, si une décision combine différents éléments, comme un APP unilatéral et un accord sur le traitement fiscal d'un ES, les deux cases doivent être cochées.

6. Renseignements supplémentaires sur la décision et le contribuable.

Ces cases permettent un filtrage selon l'importance, afin d'aider les administrations fiscales à décider si elles souhaitent inclure des renseignements supplémentaires. Ces cases sont facultatives, il n'y a donc aucune obligation d'obtenir lesdits renseignements.

Le montant de la transaction est la valeur monétaire de la transaction. Le chiffre d'affaires annuel de l'entité est le volume d'affaires d'une entreprise tel qu'il figure dans le compte de résultat. Il est généralement mesuré en se référant aux recettes brutes, ou aux sommes brutes exigibles, générés par la vente de biens ou de services par l'entité. Le bénéfice de l'entité est le bénéfice net calculé à partir des recettes brutes découlant des transactions commerciales et des dépenses commerciales déductibles.

Lors du renseignement de la case 6, les derniers chiffres du dossier joint à la demande ou du dossier du contribuable doivent être inscrits et la devise doit être précisée. Ladite devise doit être celle utilisée dans tout document transmis à l'administration fiscale lorsque celle-ci a émis la décision. Par exemple, le montant de la transaction est le dernier chiffre disponible relativement à une transaction précise concernée par la décision.

7. Bref résumé des questions couvertes par la décision.

Dans cette case, l'administration fiscale doit fournir un bref résumé des questions concernées par la décision et inclure une description de la transaction ou de l'activité couverte par la décision ainsi que toute autre information pouvant aider l'administration fiscale destinataire à évaluer les risques en matière de BEPS posés par ladite décision. Par exemple, dans le cas d'un APP unilatéral, le résumé peut préciser le type de transaction ou de revenus concerné et la méthodologie de prix de transfert ayant fait l'objet d'un accord. Étant donné que le résumé vise à donner un aperçu, il n'est pas nécessaire d'y inclure les dispositions spécifiques du code des impôts de tout pays. L'information dans la case doit être idéalement rédigée dans l'une des langues officielles de l'OCDE ou toute autre langue ayant fait l'objet d'un accord bilatéral. Lorsque ce n'est pas possible, ledit résumé peut être produit dans la langue de la juridiction émettrice.

8. Motif de l'échange avec la juridiction destinataire.

L'information fournie dans ce champ informera la juridiction destinataire de la raison pour laquelle elle reçoit la décision. La juridiction destinataire doit être l'une des juridictions concernées en vertu du cadre. La raison précise de l'échange de renseignements sera fournie par la case cochée.

9. Coordonnées des entités dans la juridiction destinataire.

Cette case fournit des informations supplémentaires sur toutes entités auxquelles est liée la décision et qui résident dans la juridiction destinataire. Il est possible d'identifier plus d'une entité lorsqu'une décision se rapporte à plusieurs entités au sein de la juridiction. Le ***nom de l'entité*** et l'***adresse sont obligatoires*** et le ***NIF ou tout autre numéro de référence fiscal*** doit être fourni lorsque ladite information est disponible.

ORGANISATION DE COOPÉRATION ET DE DÉVELOPPEMENT ÉCONOMIQUES

L'OCDE est un forum unique en son genre où les gouvernements oeuvrent ensemble pour relever les défis économiques, sociaux et environnementaux que pose la mondialisation. L'OCDE est aussi à l'avant-garde des efforts entrepris pour comprendre les évolutions du monde actuel et les préoccupations qu'elles font naître. Elle aide les gouvernements à faire face à des situations nouvelles en examinant des thèmes tels que le gouvernement d'entreprise, l'économie de l'information et les défis posés par le vieillissement de la population. L'Organisation offre aux gouvernements un cadre leur permettant de comparer leurs expériences en matière de politiques, de chercher des réponses à des problèmes communs, d'identifier les bonnes pratiques et de travailler à la coordination des politiques nationales et internationales.

Les pays membres de l'OCDE sont : l'Allemagne, l'Australie, l'Autriche, la Belgique, le Canada, le Chili, la Corée, le Danemark, l'Espagne, l'Estonie, les États-Unis, la Finlande, la France, la Grèce, la Hongrie, l'Irlande, l'Islande, Israël, l'Italie, le Japon, le Luxembourg, le Mexique, la Norvège, la Nouvelle-Zélande, les Pays-Bas, la Pologne, le Portugal, la République slovaque, la République tchèque, le Royaume-Uni, la Slovénie, la Suède, la Suisse et la Turquie. La Commission européenne participe aux travaux de l'OCDE.

Les Éditions OCDE assurent une large diffusion aux travaux de l'Organisation. Ces derniers comprennent les résultats de l'activité de collecte de statistiques, les travaux de recherche menés sur des questions économiques, sociales et environnementales, ainsi que les conventions, les principes directeurs et les modèles développés par les pays membres.

ÉDITIONS OCDE, 2, rue André-Pascal, 75775 PARIS CEDEX 16
(23 2015 32 2 P) ISBN 978-92-64-25518-0 – 2016